CE1

LES REPORTERS DU MONDE

L'ESPACE
LE TEMPS
LE MONDE DU VIVANT
LA MATIÈRE

Directrice d'édition
Sandra Boëche

Auteurs
Collectif SEDRAP
Régis Delpeuch, *professeur des écoles*
Guilène Bonnemaison, *professeur des écoles*

Secrétaire de rédaction
Mélise Carrara

SEDRAP

AVANT-PROPOS

C'est pour répondre aux objectifs des instructions officielles pour l'école primaire que la collection « Les Reporters du Monde » propose ce manuel, véritable compagnon d'apprentissage pour les élèves.

Tout au long des quatre grands chapitres étudiés, les élèves apprennent à dépasser leur représentation initiale par l'observation et la manipulation, et construisent un vocabulaire spécifique, accompagnés de leurs deux compagnons d'apprentissage : Nora et Marius.

Ce manuel comprend 19 leçons pour aborder les chapitres de la découverte du monde : L'ESPACE – LE TEMPS – LE MONDE DU VIVANT – LA MATIÈRE.

Toutes les leçons sont construites de la même façon pour aider les élèves à se repérer dans les différentes parties du manuel et à ritualiser la démarche d'apprentissage.

- Un monde à observer et Un monde à s'interroger proposent aux élèves de nombreux documents qui les amènent à s'interroger, à raisonner collectivement et oralement sur la notion abordée par le questionnement et l'émission d'hypothèses.
- Un monde à découvrir accompagne les élèves dans la vérification et la justification de leurs hypothèses, à travers l'analyse de documents, des expériences, des manipulations… le tout complété par :
  - l'explication du vocabulaire spécifique (mots-clés) ;
  - des questions pour les guider dans la construction de leurs connaissances ;
  - des suggestions pour compléter et entretenir leur Carnet du Reporter (en lien avec le quotidien et l'environnement proche).
- Un monde à protéger, Un monde à s'étonner et Un monde à rêver constituent une ouverture sur le monde par :
  - une sensibilisation à l'écologie et au développement durable ;
  - des faits insolites ;
  - des poésies, des œuvres d'art… en relation avec la notion étudiée.

Chaque leçon se termine par Un monde à retenir : c'est le résumé, l'essentiel de la leçon, à confronter avec ce que les élèves ont découvert.

AU CŒUR

DE NOMBREUX DOCUMENTS POUR TE FAIRE DÉCOUVRIR LE MONDE EN OBSERVANT, DÉCRIVANT, COMPARANT… COMME UN VRAI REPORTER !

TOUT POUR COMPRENDRE LA LEÇON. DES TEXTES, DES DESSINS, DES PHOTOS, DES SCHÉMAS… QUI VONT TE PERMETTRE DE RÉPONDRE À TOUTES TES QUESTIONS !

Comment naissent et grandissent les animaux ?

10

UN MONDE À OBSERVER

A B C D

Décris ce que tu vois sur chacune de ces photos.

UN MONDE À S'INTERROGER

1. Est-ce que tous les animaux naissent de la même façon ?
2. Est-ce que tous les animaux :
   – grandissent de la même façon ?
   – ont besoin de leurs parents pour grandir ?

LE SAIS-TU ? Sais-tu que le petit du kangourou grandit dans la poche de sa mère ?

49

On appelle « ovipares » les animaux qui naissent d'un œuf. On appelle « vivipares » les animaux qui naissent vivants du ventre de leur mère.

UN MONDE À DÉCOUVRIR

Les animaux naissent…

… en sortant d'un œuf.

Certains animaux (oiseaux, reptiles, poissons, insectes…) naissent à partir d'un œuf pondu par la femelle.

La poule pond des œufs. Puis elle les couve pendant trois semaines durant lesquelles les futurs poussins se développent. Le 21e jour, les poussins brisent la coquille de l'œuf : c'est l'éclosion.

… en sortant du ventre de leur mère.

D'autres animaux naissent en sortant vivants du ventre de leur mère.

Le poulain se développe pendant 11 mois dans le ventre de sa mère (la jument) avant de naître : c'est la mise bas.

MOT-CLÉ

Naissance

C'est le fait de venir au monde, c'est le commencement de la vie.

→ Pour qu'il y ait naissance, il faut qu'il y ait d'abord rencontre entre deux parents de sexes différents (un mâle (le père) et une femelle (la mère)) : c'est la reproduction.

SUR MON CARNET DU REPORTER

Je colle des photos d'animaux en les classant en deux familles :
– les vivipares ;
– les ovipares.

DES QUESTIONS POUR MIEUX COMPRENDRE

1. De combien de façons naissent les animaux ?
2. Explique avec tes mots : « la poule couve ».
3. Dis comment est né chacun des animaux de la page 49.
4. L'homme est-il un ovipare ou un vivipare ? Pourquoi ?

50

DES QUESTIONS POUR T'AIDER À RÉFLÉCHIR À PARTIR DES DOCUMENTS QUE TU OBSERVES.

DES QUESTIONS POUR RECHERCHER DES INFORMATIONS DANS CE QUE TU VIENS DE LIRE ET BIEN COMPRENDRE LA LEÇON.

D'UNE LEÇON

POUR ALLER PLUS LOIN : DES DOCUMENTS, DES CONSEILS POUR TE DONNER ENVIE DE PROTÉGER NOTRE PLANÈTE ; DES IMAGES INSOLITES, DES ŒUVRES D'ART, DES POÈMES POUR T'ÉTONNER ET TE FAIRE RÊVER.

NORA ET MARIUS T'ACCOMPAGNENT TOUT AU LONG DE L'ANNÉE DANS TES DÉCOUVERTES !

Les animaux grandissent…

… de façon continue.

Pour la plupart des animaux, la taille et le poids augmentent de façon régulière de la naissance à l'âge adulte. Certains changent de couleur (le poussin, etc.), d'autres ont des cornes qui poussent (le veau, l'agneau…).

La souris • 1er jour — *La souris • 7e jour* — *La souris • 14e jour* — *La souris • 21e jour*

… en changeant de forme.

Quelques animaux, en grandissant, se transforment complètement (la chenille devient papillon, le têtard devient grenouille…). C'est la métamorphose.

Œufs de papillon — *Chenille* — *Chrysalide* — *Papillon*

CERTAINS ANIMAUX, EN GRANDISSANT, SONT OBLIGÉS DE CHANGER PLUSIEURS FOIS DE PEAU (LES SERPENTS) OU DE CARAPACE (LES CRABES). C'EST LA MUE.

MOT-CLÉ

Croissance

C'est le fait de grandir, de se développer de la naissance à l'âge adulte.

→ *Arrivés à l'âge adulte, les animaux peuvent se reproduire.*

SUR MON CARNET DU REPORTER

Je colle des images des différentes étapes de la métamorphose du têtard en grenouille.

5 Quelles sont les différences entre le veau et sa mère ?
6 Décris la souris aux différents stades de sa croissance.
7 Explique avec tes mots la métamorphose de la chenille en papillon. À ton avis, que fait le papillon avant de mourir ?
8 À ton avis, pourquoi les serpents changent-ils plusieurs fois de peau ?

51

UN MONDE À PROTÉGER

Sauvons les tortues luth !

Les tortues luth sont les plus grosses tortues au monde (2 m de long et 600 kg !). Mais elles sont pourtant en danger.

Si l'on veut que les tortues luth continuent à enchanter nos océans, il faut :
- protéger les plages de ponte des braconniers qui les tuent pour vendre leur viande ;
- pêcher avec des filets dont elles peuvent s'échapper ;
- ne plus jeter de sacs plastique à la mer. Les tortues croient que ce sont des méduses (leur plat préféré) et s'étouffent en les avalant.

UN MONDE À S'ÉTONNER

Trop courte la vie

L'éphémère est un insecte dont la larve aquatique vit un an et l'adulte un seul jour !

Un beau bébé

La gestation (la grossesse) chez l'éléphante dure 22 mois. À la naissance, l'éléphanteau pèse en moyenne 120 kg !

UN MONDE À RÊVER

Le papillon

Ce billet doux plié
en deux cherche
une adresse de fleur.

L'âne

Le lapin devenu grand.

Le chien

Entre le chien et son maitre,
il n'y a que le saut d'une puce.

Histoires naturelles, ***Jules Renard***

UN MONDE À RETENIR

Les animaux naissent de deux façons :
– soit en sortant vivants du ventre de leur mère ;
– soit en sortant d'un œuf pondu.
Ils grandissent jusqu'à l'âge adulte puis ils se reproduisent et meurent.

52

TOUS LES MOTS NOUVEAUX QUE TU DOIS CONNAITRE.

DES ACTIVITÉS À FAIRE SUR TON CARNET DU REPORTER… MAIS AUSSI DES EXPÉRIENCES ET DES RECHERCHES.

TOUT CE QUE TU AS DÉCOUVERT DANS LA LEÇON ET QUE TU DOIS RETENIR.

L'ESPACE

LE TEMPS

LE MONDE DU VIVANT

LA MATIÈRE

L'ESPACE

DANS CE CHAPITRE SUR L'ESPACE,
TU VAS APPRENDRE À RECONNAITRE
ET DÉCRIRE DES LIEUX QUI T'ENTOURENT :
TON ÉCOLE, TON QUARTIER, TON VILLAGE OU
TA VILLE... TU VAS COMPARER DES PAYSAGES,
LIRE DES CARTES, DES PLANS... TU VAS AINSI
DÉCOUVRIR DES ESPACES À PROTÉGER,
À AIMER... QUI TE FERONT RÊVER.
ALORS, EN ROUTE !

L'ESPACE

De la photographie au plan

UN MONDE À OBSERVER

A

B

C

Décris ce que tu vois sur chacune des trois photographies. Compare-les.

UN MONDE À S'INTERROGER

1. Est-ce qu'une photographie représente la réalité ?
2. Pour prendre une photo, la position du photographe est-elle importante ?
3. Comment peut-on représenter un lieu à partir d'une photo ?

MOT-CLÉ

Photographie

C'est un procédé technique qui permet d'obtenir l'image d'objets, de paysages, de personnes…

➥ *Un même objet, un même paysage, peut être photographié de face, de côté, de près, de loin…*

➥ *Une photographie aérienne donne une vue d'ensemble d'un lieu.*

SUR MON CARNET DU REPORTER

Je colle deux photographies extérieures différentes de ma maison ou de mon immeuble. Je précise d'où chacune a été prise.

UN MONDE À DÉCOUVRIR

De la photographie aérienne…

… à la maquette.

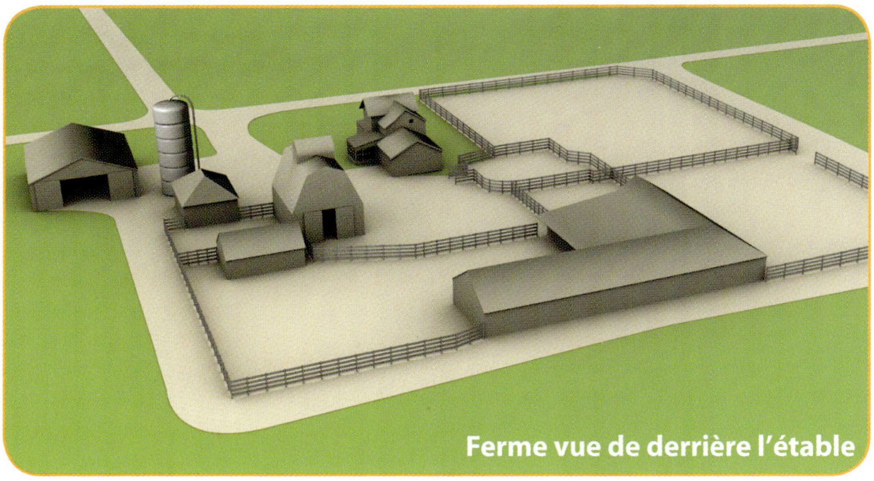

Ferme vue de derrière l'étable

DES QUESTIONS POUR MIEUX COMPRENDRE

1. Que voit-on sur la photo aérienne que l'on ne voit ni sur la maquette ni sur le plan ?
2. Qu'est-ce qui montre la réalité : la photographie ou la maquette ? Pourquoi ?
3. Combien de maquette(s) sur ces deux pages : 1 ou 2 ? Pourquoi ?
4. Que nous apprend le plan (page 11) sur la ferme ?

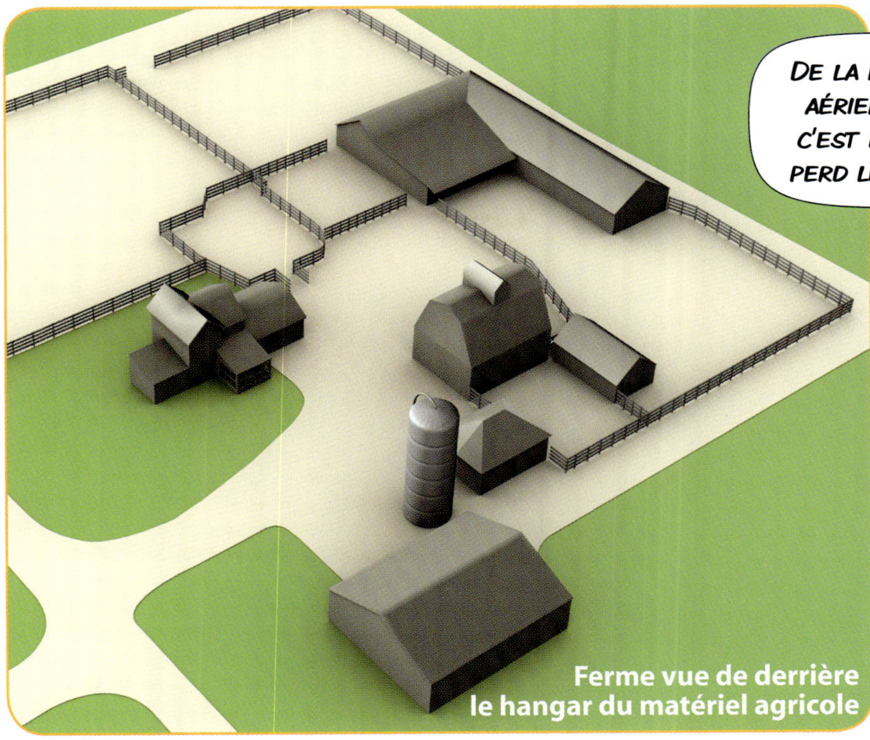

Ferme vue de derrière le hangar du matériel agricole

… au plan.

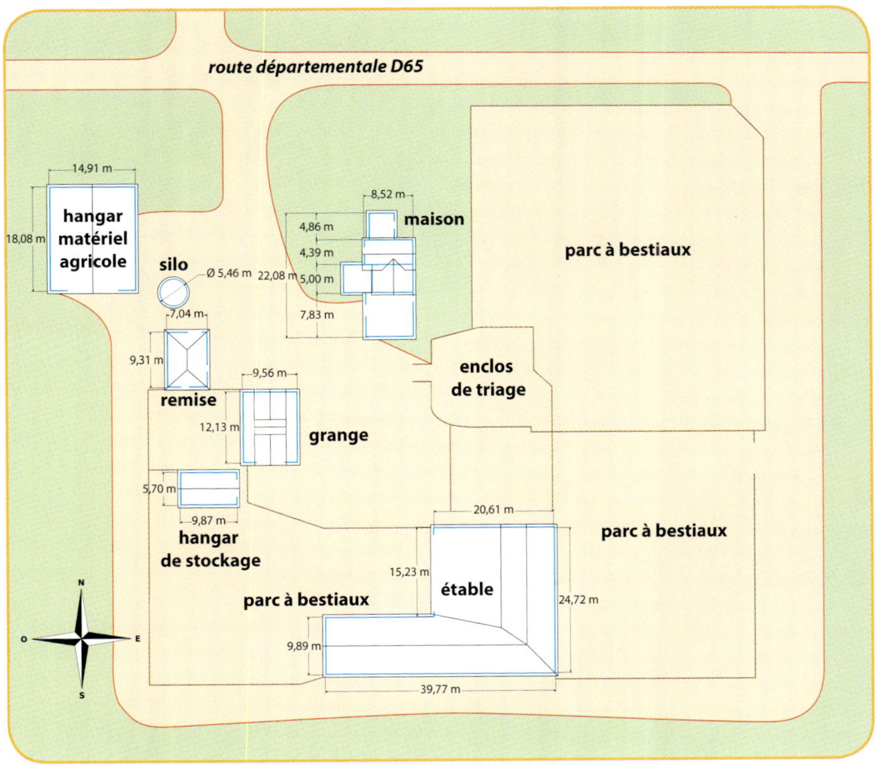

5 Cite les différents bâtiments qui constituent la ferme.

6 Quel est le bâtiment le plus près du hangar de stockage ?

7 Décris la ferme vue de derrière la maison (aide-toi du plan et de la maquette et utilise : devant, derrière, à droite…).

8 Dis à quoi servent l'étable et la grange (aide-toi du dictionnaire).

MOT-CLÉ

Plan

C'est un dessin simplifié d'un objet, d'une maison, d'un quartier, d'une ville, vu de dessus comme si on le voyait d'un avion.

➥ *Quand on dessine un plan :*
– on ne dessine que les éléments indispensables ;
– on respecte la taille et l'emplacement des éléments les uns par rapport aux autres ;
– on écrit le nom des principaux éléments (rues, routes, bâtiments…).

SUR MON CARNET DU REPORTER

Je demande à mes parents un plan de notre appartement, de notre maison. Je le décalque ou je le redessine en plus petit et je le colle.

UN MONDE À PROTÉGER

Vue du ciel, la Terre peut être inquiétante.

Volcan Sarychev, *île de Matua dans l'archipel russe des Kouriles*

Ville inondée, *Allemagne*

UN MONDE À S'ÉTONNER

Vue du ciel, la Terre peut être surprenante.

Source chaude du Grand Prismatic, *États-Unis*

Delta du Gange, *Inde*

UN MONDE À RÊVER

Vue par les artistes, la Terre peut être différente.

Sfera con sfera, ***Arnaldo Pomodoro***, *musée du Vatican, 1989-1990*

UN MONDE À RETENIR

Une photographie aérienne donne une vue d'ensemble d'un lieu.
À partir d'une photographie aérienne, on peut dessiner le plan de ce lieu.
Un plan respecte la taille et l'emplacement des éléments les uns par rapport aux autres.

Classe et école

UN MONDE À OBSERVER

A

B

C

D

Décris chacun des bâtiments ci-dessus. Lequel n'est pas une école ?

UN MONDE À S'INTERROGER

1 À quoi reconnait-on une école ?
2 Que trouve-t-on dans une école ?
3 Que trouve-t-on aux alentours d'une école ?

LE SAIS-TU ?

Sais-tu que tous les enfants du monde n'ont pas la chance d'aller à l'école ?

MOT-CLÉ

École

Établissement où l'on enseigne à tous les enfants.

→ *Aujourd'hui, l'école est obligatoire pour tous les enfants de 6 à 16 ans.*

→ *Depuis 1882 (il y a plus de 130 ans !), l'école est laïque, gratuite et obligatoire.*

SUR MON CARNET DU REPORTER

Je dresse la carte d'identité de mon école : nom, adresse, nombre de classes, autres salles, nombre d'élèves ...

UN MONDE À DÉCOUVRIR

Une école c'est…

… un bâtiment avec une ou plusieurs classes, des salles spécialisées, une cour de récréation, un préau, un restaurant scolaire, etc.

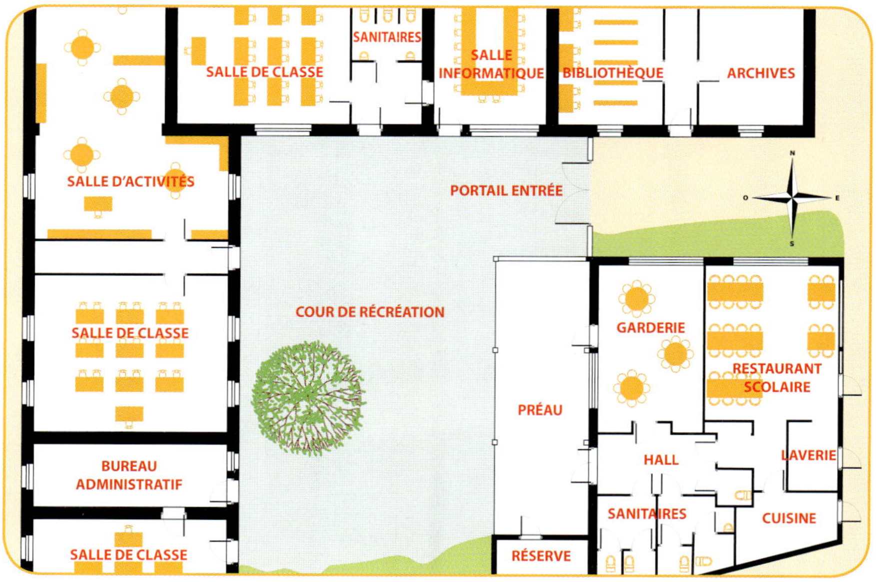

DES QUESTIONS POUR MIEUX COMPRENDRE

1. Explique avec tes mots ce qu'est une école.
2. Décris la photo ci-dessus.
3. Que t'apprend le plan ci-dessus, que tu ne pouvais pas savoir en regardant la photo ?
4. Compare ton école (vue de la cour) avec celle ci-dessus.

MOT-CLÉ

Classe

C'est une salle dans laquelle on réunit un groupe d'élèves pour y recevoir un enseignement.

➥ *La classe des CE1 est au fond du couloir, à droite.*

C'est aussi un groupe d'élèves du même âge, d'un même niveau.

➥ *La classe des CE1 est partie à la piscine.*

SUR MON CARNET DU REPORTER

Je photographie ma salle de classe de plusieurs endroits. À partir de ces photos, j'en dessine le plan.

5 Décris la photo ci-dessus et compare ta salle de classe avec celle-ci.

6 À ton avis, d'où a été prise la photo ?

7 Est-ce que cette photo a été suffisante pour réaliser le plan de la classe ?

8 Que voit-on sur le plan que l'on ne voit pas sur la photo ?

UN MONDE À PROTÉGER

Attention, école !

Une école doit être bien signalée et bien protégée avec :
- des panneaux routiers ;
- des barrières le long des trottoirs ;
- des passages cloutés (sous la surveillance d'un agent municipal à chaque entrée et sortie des élèves) ;
- un parking pour les bus scolaires et pour les parents.

UN MONDE À S'ÉTONNER

Filles ou garçons ?

Jusqu'en 1950, les écoles n'étaient pas mixtes. Il y avait des écoles de garçons et des écoles de filles. Le plus souvent, les enfants apportaient leur repas de midi, sauf le jeudi, jour où il n'y avait pas école.

UN MONDE À RÊVER

Automne

Odeurs des pluies de mon enfance,
Derniers soleils de la saison !
À sept ans comme il faisait bon,
Après d'ennuyeuses vacances
Se retrouver dans sa maison !

La vieille classe de mon père,
Pleine de guêpes écrasées
Sentait l'encre, le bois, la craie
Et ces merveilleuses poussières
Amassées par tout un été !
(…)

Les amis d'enfance, ***René-Guy Cadou***,
Poésie, la vie entière, Paris, Seghers, 1976

UN MONDE À RETENIR

Une école est un bâtiment composé de plusieurs salles de classe, d'une cour de récréation, d'un préau…
C'est un lieu dont les alentours doivent être signalisés et protégés pour la sécurité des élèves.

Ville ou village ?

3

UN MONDE À OBSERVER

A

B

C

D

Décris ce que tu vois sur chacune de ces photos.

UN MONDE À S'INTERROGER

1 Quelles sont les différences entre une ville et un village ?
2 Que trouve-t-on dans une ville ? dans un village ?
3 Où vivent la plupart des Français : en ville ? dans des villages ?

LE SAIS-TU ?

Sais-tu qu'il y a plus de 36 000 villes et villages en France ?

UN MONDE À DÉCOUVRIR

Une ville c'est…

… un centre-ville.

… des quartiers autour du centre-ville.

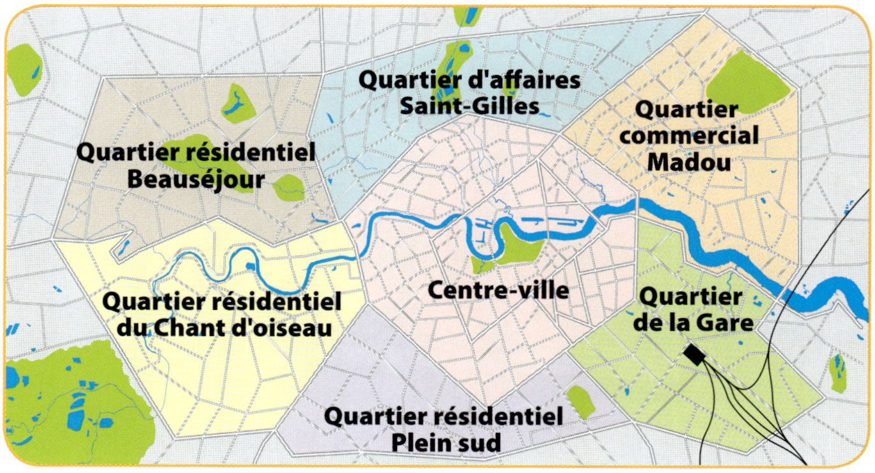

MOTS-CLÉS

Ville

Endroit où vivent et travaillent de très nombreuses personnes.

➥ *En France, on donne le nom de ville à partir de 2 000 habitants.*

➥ *Huit Français sur dix vivent en ville.*

Quartier

C'est une partie de la ville.

➥ *Dans une ville, on trouve des quartiers anciens et des quartiers nouveaux.*

➥ *Certains quartiers sont des quartiers commerçants, d'autres, des quartiers d'affaires (de bureaux) et d'autres, des quartiers résidentiels (où vivent les gens).*

SUR MON CARNET DU REPORTER

Je colle des photos des différents endroits, quartiers de la ville où j'habite ou de la ville la plus proche de chez moi.

DES QUESTIONS POUR MIEUX COMPRENDRE

1. À partir des documents et des textes de cette page, dis tout ce qu'on trouve dans une ville.
2. Continue la liste de Nora : les avantages d'habiter en ville.
3. Explique avec tes mots ce qu'est un quartier et ce qu'on trouve dans les différents quartiers.
4. Cite le nom de quelques grandes villes françaises que tu connais.

Un village c'est…

… un bourg.

… des hameaux et des fermes isolées au milieu des champs.

5 Quelle est la principale différence entre un village et une ville ?

6 À l'aide des photos et textes ci-dessus, dis de quoi est composé le bourg d'un village.

7 Qui habite dans un village, à la campagne ?

8 Continue la liste de Marius : les avantages d'habiter dans un village, à la campagne.

MOT-CLÉ

Village

À la campagne, ensemble d'habitations groupées le plus souvent autour de l'église, de la mairie et de l'école.

➥ *Dans un village habitent :*
– des agriculteurs (qui travaillent les champs et élèvent les animaux) ;
– des commerçants ;
– et des gens qui travaillent en ville et préfèrent vivre à la campagne.

SUR MON CARNET DU REPORTER

Je dresse la carte d'identité du village où j'habite ou du village que je connais le mieux : nom, nombre d'habitants, nom des hameaux, photos…

UN MONDE À PROTÉGER

Des espaces verts dans la ville

Des parcs, des jardins, des lacs… : **indispensables** pour apporter un bol d'air pur et de calme aux citadins (habitants de la ville).

Des écoles et des commerces dans les villages

Une école, une épicerie, une boulangerie, un centre médical… : **indispensables** pour que les gens n'aillent pas tous habiter en ville.

UN MONDE À S'ÉTONNER

Rue bondée de la ville de Chongqing, *centre de la Chine*

Que de monde !

À Chongqing (ville de Chine) vivent plus de 36 millions d'habitants (3 fois plus qu'à Paris et sa région !).

Que de place !

Une grande partie de la Terre est quasiment inhabitée : les pôles (Nord et Sud), les grandes forêts, les déserts.

UN MONDE À RÊVER

À chaque peintre sa ville.

Tour rouge,
Robert Delaunay,
1911

UN MONDE À RETENIR

En France, huit Français sur dix vivent en ville : dans le centre-ville et dans les quartiers tout autour. Le reste de la population vit à la campagne, dans des villages composés d'un bourg et de fermes isolées.

Mer ou montagne ?

UN MONDE À OBSERVER

A

B

C

D

Compare les quatre paysages ci-dessus.

UN MONDE À S'INTERROGER

1 Que trouve-t-on dans un paysage de littoral (bord de mer) ?
2 Que trouve-t-on dans un paysage de montagne ?
3 Quels autres types de paysages connais-tu ?

LE SAIS-TU ?

Sais-tu qu'il y a des montagnes sous les mers et les océans ?

MOT-CLÉ

Littoral

C'est l'endroit où la terre et la mer se rencontrent, se touchent.

➥ *Depuis toujours, le littoral (la côte, le bord de mer) a attiré les hommes qui y ont construit de nombreuses villes ou qui s'y précipitent pour les vacances.*

SUR MON CARNET DU REPORTER

Je colle une carte de France et je colorie le littoral en jaune. Je marque d'une croix rouge les endroits du littoral où je suis déjà allé(e) et j'écris leur nom.

UN MONDE À DÉCOUVRIR

Sur le littoral, on trouve…

… des côtes sableuses.

… des côtes rocheuses.

DES QUESTIONS POUR MIEUX COMPRENDRE

1. **Quelles sont les différences entre les côtes rocheuses et les côtes sableuses ?**
2. **Sur les deux photos de littoral de la page 21, on voit des constructions que l'on trouve uniquement en bord de mer. Lesquelles ? À quoi servent-elles ?**
3. **À ton avis, pourquoi les hommes ont-ils bâti beaucoup de villes sur le littoral ?**
4. **Complète la liste de Nora avec des mots du littoral.**

La montagne change d'apparence selon les saisons…

… verte et calme en été.

… blanche et animée en hiver.

5 À partir des illustrations, cite les animaux que l'on trouve en montagne.

6 Quelles activités peut-on pratiquer à la montagne en hiver ? en été ?

7 À ton avis, quels sont les inconvénients de la vie à la montagne ? et les avantages ?

8 Complète la liste de Marius avec des mots de la montagne.

MOT-CLÉ

Montagne

Endroit où le terrain est très élevé par rapport au niveau de la mer.

➥ *Les pics, les sommets les plus hauts (comme le mont Blanc) sont recouverts toute l'année de neiges éternelles et de glaciers.*

➥ *Les fortes pentes, le froid en hiver, font que les montagnes sont peu habitées. Mais elles sont très fréquentées par les amateurs de sports de neige (l'hiver) et de randonnée ou d'escalade (l'été).*

SUR MON CARNET DU REPORTER

Je réalise la carte d'identité du mont Blanc : hauteur, chaîne de montagnes, département, région, et je colle une photo.

UN MONDE À PROTÉGER

Sur le sable, des poubelles

Sur les plages, des poubelles sont mises à la disposition des promeneurs et des touristes.

N'oublie pas d'y jeter tes déchets, ainsi ils ne pollueront ni la plage ni la mer.

Monsieur ours

Chassé et tué par les bergers (auxquels il dévorait quelques brebis chaque année), l'ours avait pratiquement disparu des montagnes françaises. En 1985, il n'en restait que cinq dans les Pyrénées. En 1996-1997, deux ourses femelles et un ours mâle, capturés en Slovénie, ont été relâchés dans les Pyrénées. Ils sont maintenant une vingtaine et sont protégés.

UN MONDE À S'ÉTONNER

Très robuste !

L'edelweiss est une plante qui pousse uniquement en montagne (entre 2 000 et 3 000 m !). Elle résiste à la neige, aux températures glaciales. Elle fleurit de juillet à septembre. On l'appelle également la reine des glaciers ou l'immortelle des neiges.

UN MONDE À RÊVER

Comptine

La mer s'est retirée,
Qui la ramènera ?
La mer s'est démontée,
Qui la remontera ?
La mer s'est emportée,
Qui la rapportera ?
La mer est déchainée,
Qui la rattachera ?
Un enfant qui joue sur la plage
Avec un collier de coquillages.

Poèmes d'aujourd'hui pour les enfants de maintenant, ***Jacques Charpentreau***, *Éditions Ouvrières, 1972*

UN MONDE À RETENIR

Le littoral, c'est l'endroit où la mer et la terre se touchent. Il est composé de côtes sableuses ou rocheuses. La montagne est un endroit où le terrain est très élevé par rapport au niveau de la mer.

Comment représenter la Terre et la France ?

S

UN MONDE À OBSERVER

A

Décris ce que tu vois sur chacune de ces photos.
À ton avis d'où ont-elles été prises ?

B

UN MONDE À S'INTERROGER

1. À quoi ressemble la Terre, vue du ciel ?
2. Que voit-on à la surface de la Terre ?
3. Comment peut-on représenter la Terre ? la France ?

LE SAIS-TU ?

Sais-tu que l'on appelle la Terre l'orange bleue ?

On représente la Terre avec…

… un globe terrestre.

Le globe terrestre est une boule qui représente la Terre en miniature.

… un planisphère.

Le planisphère est une carte qui représente toute la Terre à plat.

MOTS-CLÉS

Océan
Vaste étendue d'eau salée qui couvre une grande partie de la Terre.

Continent
Vaste étendue de terre limitée par un ou plusieurs océans.

→ *La Terre est composée de six continents et cinq océans.*

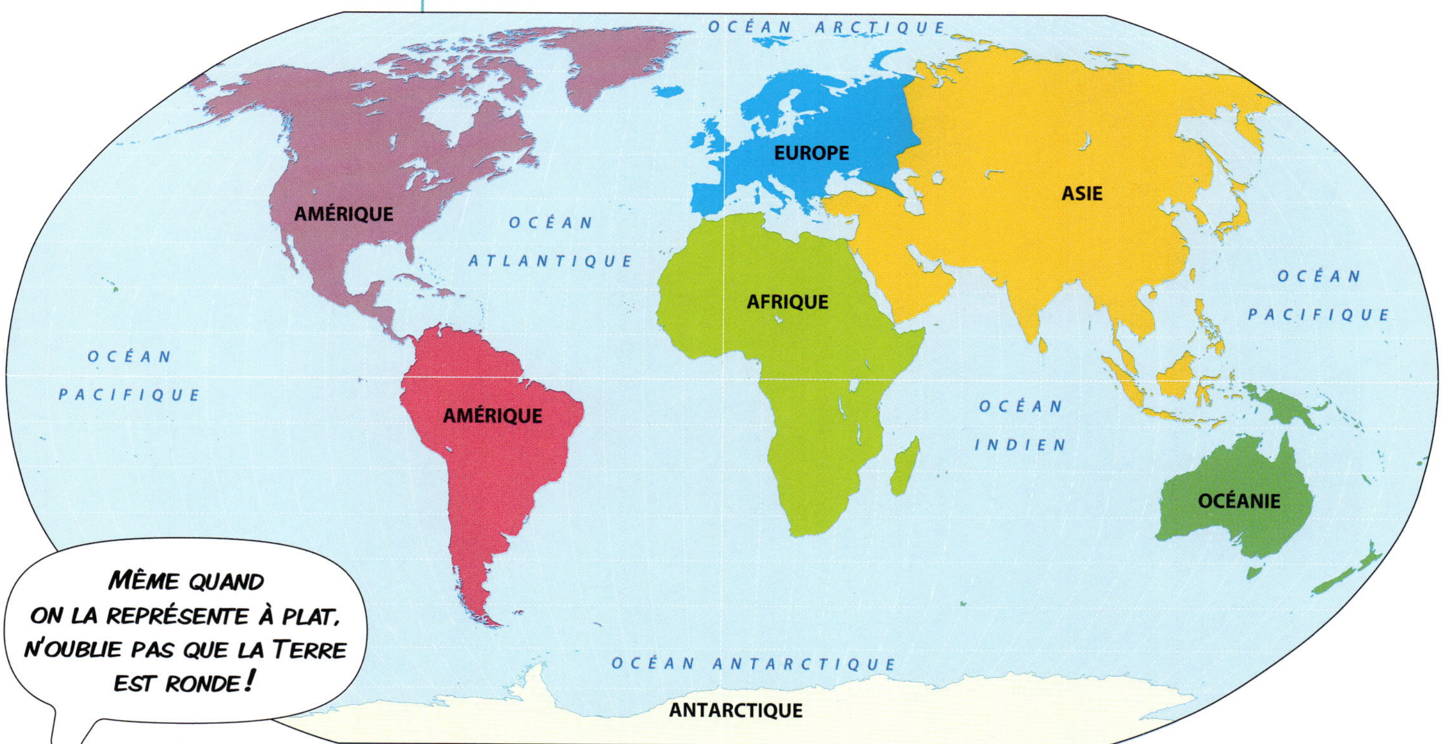

DES QUESTIONS POUR MIEUX COMPRENDRE

1. À ton avis, quelle est la représentation de la Terre la plus proche de la réalité ? Pourquoi ?
2. Laquelle permet de voir la Terre en entier, d'un seul coup ?
3. Dresse la liste des 6 continents et des 5 océans.
4. Repère la France et dis à quel continent elle appartient.

On représente la France avec…

… une carte.

LE RELIEF DE LA FRANCE

LES FLEUVES

LES RÉGIONS

MOT-CLÉ

Carte

C'est un dessin qui représente à plat et en plus petit, la géographie d'un pays ou d'une région.

➥ *Pour chaque pays, il y a des cartes qui représentent le relief (la surface terrestre), le climat (l'ensemble des types de temps), les fleuves, les productions agricoles…*

SUR MON CARNET DU REPORTER

Je décalque et redessine la carte de France. J'indique par une croix l'endroit où j'habite.

5 À ton avis, à quoi servent les traits en pointillés rouges sur la carte de France ?

6 Quel fleuve passe à Paris ?

7 Quels sont les noms des mers et océans qui bordent la France ?

8 Combien y a-t-il de chaines de montagnes en France ?

UN MONDE À PROTÉGER

Merci l'atmosphère !

La terre est entourée par une couche d'air (de gaz) qu'on appelle l'atmosphère.

L'atmosphère protège la vie sur Terre :
– en absorbant les rayons ultraviolets du Soleil, qui nous bruleraient ;
– en retenant la chaleur, ce qui réduit les écarts de température entre le jour et la nuit.

UN MONDE À S'ÉTONNER

Que d'eau !

Les océans recouvrent les trois quarts de la Terre.

À lui seul, l'océan Pacifique est aussi grand que tous les continents réunis.

À certains endroits, la mer est plus profonde que les montagnes sont hautes !

UN MONDE À RÊVER

Conversation

Comment ça va sur la Terre ?
– Ça va ça va, ça va bien.
Les petits chiens sont-ils prospères ?
– Mon Dieu oui merci bien.
Et les nuages ?
– Ça flotte.
Et les volcans ?
– Ça mijote.
Et les fleuves ?
– Ça s'écoule.
Et le temps ?
– Ça se déroule.
Et votre âme ?
– Elle est malade le printemps était trop vert elle a mangé trop de salade.

Monsieur monsieur, ***Jean Tardieu***, *Gallimard, Paris, 1951*

UN MONDE À RETENIR

On représente la Terre avec un globe terrestre ou avec un planisphère.
Pour représenter une partie de la Terre, un continent, un pays, une région, on utilise des cartes.

LE TEMPS

DANS CE CHAPITRE SUR LE TEMPS, TU VAS COMPRENDRE LES SECRETS DU JOUR ET DE LA NUIT, LA DANSE DES SAISONS! TU VAS APPRENDRE À MESURER LE TEMPS ET DÉCOUVRIR COMMENT EST-CE QUE L'ON VIVAIT DANS LE PASSÉ! BON VOYAGE DANS LE TEMPS!

LE TEMPS

Jour et nuit, nuit et jour…

UN MONDE À OBSERVER

Décris ce qui est semblable et ce qui est différent sur chacun de ces quatre dessins.

UN MONDE À S'INTERROGER

1. Le Soleil se lève-t-il et se couche-t-il toujours aux mêmes endroits ?
2. Pourquoi passe-t-on sans cesse du jour à la nuit et de la nuit au jour ?
3. Est-ce qu'il fait nuit (ou jour) en même temps sur toute la Terre ?

MOT-CLÉ

Terre

C'est la planète du système solaire habitée par l'homme.

➥ *Elle a la forme ronde d'une balle légèrement aplatie aux deux extrémités (les pôles).*

➥ *Elle tourne sur elle-même (c'est la rotation) et aussi autour du Soleil.*

SUR MON CARNET DU REPORTER

Je colle des photos de paysages en les classant en deux groupes : nuit et jour. Je dessine ce que je vois devant chez moi, la nuit.

UN MONDE À DÉCOUVRIR

La Terre ronde…

… est éclairée par le Soleil.

Au même instant :
– sur la partie de la Terre qui est face au Soleil, et donc éclairée, c'est le jour ;
– sur la partie qui n'est pas éclairée, c'est la nuit.

DES QUESTIONS POUR MIEUX COMPRENDRE

1. D'où vient la lumière du jour ?
2. Sur l'image satellite ci-dessus :
   – quelle partie de la Terre est éclairée ? est dans la nuit ?
   – où se situe le Soleil par rapport à la Terre ?
3. Quelle est la différence entre le Soleil et la Terre ?

… tourne sur elle-même.

Au cours d'un tour complet de la Terre sur elle-même (24 heures), il fait jour puis il fait nuit.

Dans une journée, tu passes à peu près la moitié du temps au jour et l'autre moitié dans la nuit.

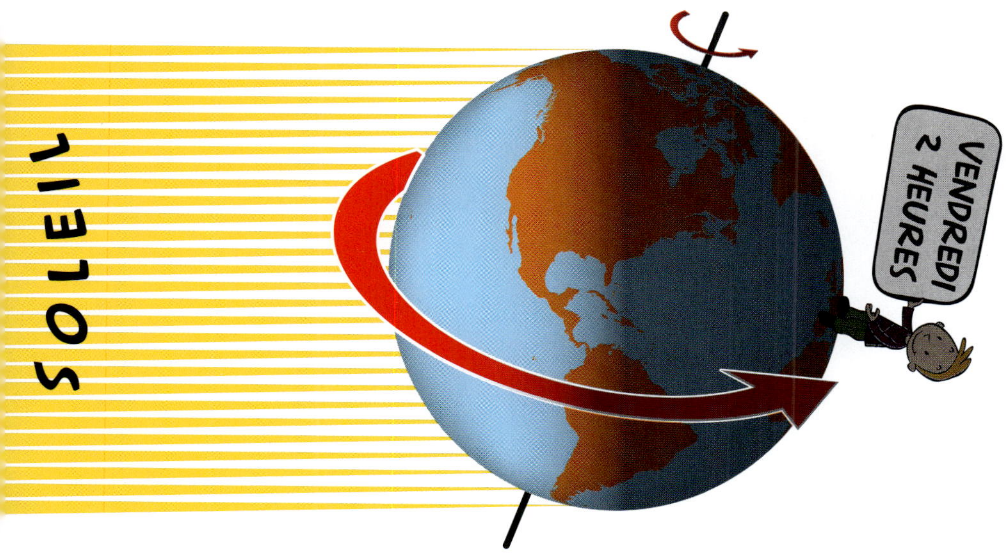

MOT-CLÉ

Jour

Le jour, c'est la période où la partie de la Terre sur laquelle tu te trouves est éclairée.

Un jour (on dit aussi une journée) est le temps qu'il faut à la Terre pour faire un tour sur elle-même (24 heures).

➥ *__Un__ jour complet comprend __le__ jour et __la__ nuit.*

SUR MON CARNET DU REPORTER

Je dessine mon école et le Soleil à son lever (le matin), à midi, et à son coucher (le soir).

4 **Observe les deux dessins ci-dessus.**
– Que s'est-il passé entre les deux ?
– Sur quel dessin le garçon est-il dans le jour ?

5 **Que se passerait-il si la Terre ne tournait pas sur elle-même ?**

6 **Explique avec tes mots les deux sens différents du mot « jour ».**

UN MONDE À PROTÉGER

Attention aux pollutions lumineuses !

Des villes trop et mal éclairées la nuit :
– gênent les habitants dans leur sommeil ;
– provoquent la mort de milliers d'oiseaux (nocturnes, migrateurs) ;
– empêchent de voir les étoiles et d'étudier le ciel ;
– gaspillent beaucoup d'électricité et augmentent la pollution de la planète.

UN MONDE À S'ÉTONNER

Bonne nuit !

La chauvesouris dort 20 heures par jour, la tête en bas ! Animal nocturne, elle vit la nuit.

Un jour, une nuit !

Au pôle Nord, le soleil se lève le 19 mars et se couche le 24 septembre. Résultat : il fait jour tout l'été et il fait nuit tout l'hiver !

UN MONDE À RÊVER

L'Empire des lumières, ***Magritte***, *1952*

Jour et nuit !

UN MONDE À RETENIR

Le Soleil éclaire la Terre qui tourne sur elle-même. À l'endroit où tu vis, il fait tantôt jour et tantôt nuit.

Année, mois, saisons

7

UN MONDE À OBSERVER

A

B

C

D

Décris chacun des paysages ci-dessus.
Ont-ils été pris au même moment, à la même saison de l'année ?

UN MONDE À S'INTERROGER

1 À quoi correspond une année ?
2 Combien y a-t-il de mois, de saisons dans une année ?
3 Pourquoi les paysages et la nature changent-ils suivant les saisons ?

MOT-CLÉ

Soleil

Le Soleil est une étoile qui nous envoie de la lumière et de la chaleur.

➥ *C'est une énorme boule de gaz. La température est d'environ 6 000 degrés à sa surface et de plusieurs millions de degrés en son centre.*

➥ *Pendant très longtemps, les hommes ont cru que la Terre était plate et que c'était le Soleil qui tournait autour d'elle.*

SUR MON CARNET DU REPORTER

Je note le nom de mon mois préféré et je fais un petit texte pour dire pourquoi.

UN MONDE À DÉCOUVRIR

La Terre tourne autour du Soleil…

… en une année, soit 365 (ou 366) jours.

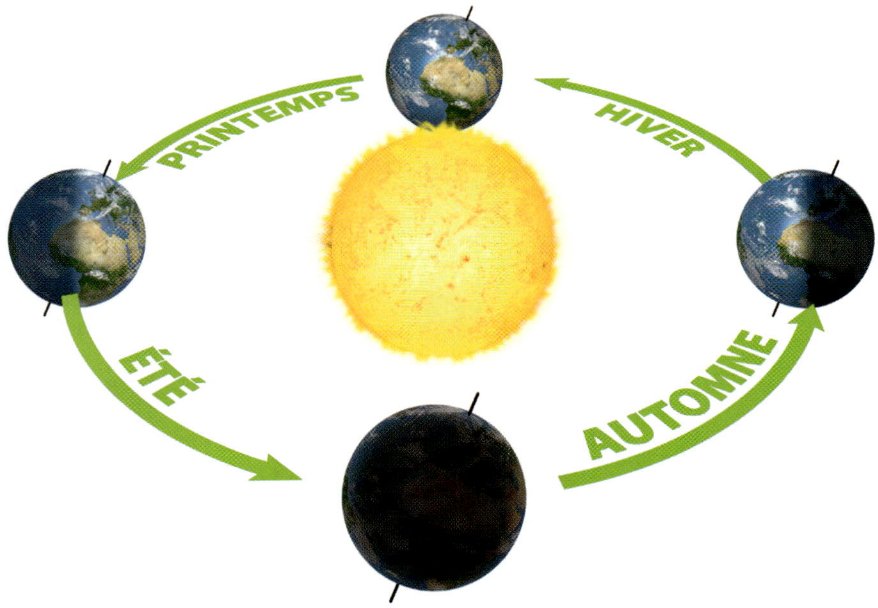

DES QUESTIONS POUR MIEUX COMPRENDRE

1. Combien de temps faut-il à la Terre pour faire le tour du Soleil ?
2. À ton avis, que se passerait-il si la Terre ne tournait plus autour du Soleil ?
3. Fais des recherches pour répondre à la question de Nora.
4. Quel mois est :
   – juste avant juin ;
   – juste après décembre ?

L'année est divisée…

… en 12 mois et 4 saisons.

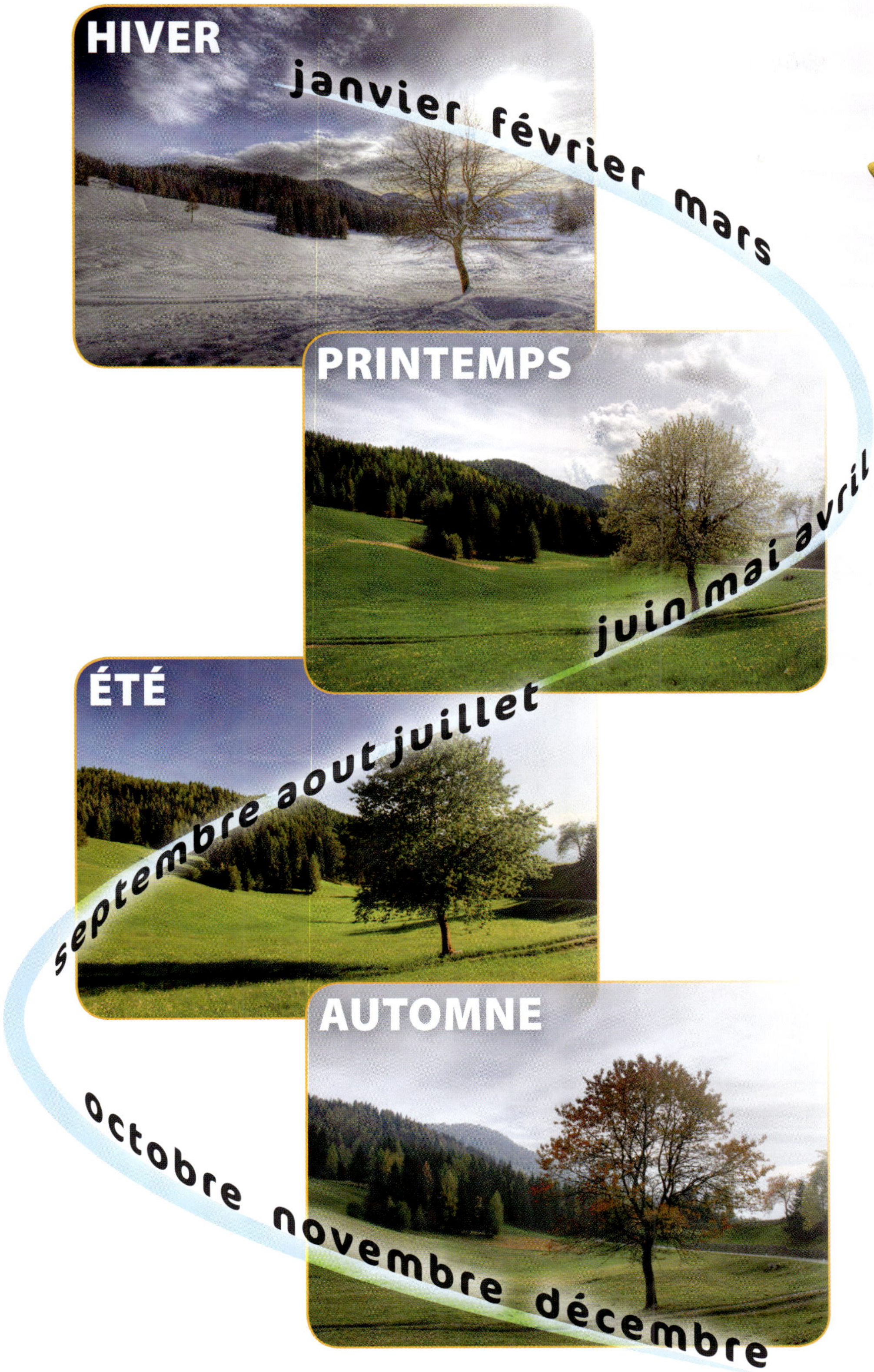

MOT-CLÉ

Saison

Les 4 saisons (hiver, printemps, été, automne) ont une durée de 3 mois chacune.

➥ *Au cours d'une année, la région où tu habites n'est pas toujours ensoleillée de la même façon. Les températures varient et les jours s'allongent ou diminuent. Ce sont ces phénomènes qui provoquent les saisons.*

➥ *L'aspect de la nature change suivant les saisons.*

SUR MON CARNET DU REPORTER

Je photographie la campagne autour de chez moi, une fois par saison, puis je colle ces photos.

5. **Décris la végétation du paysage ci-dessus, saison par saison.**
6. **Qu'est-ce qui change d'autre suivant les saisons ?**
7. **Recherche le jour du début de chaque saison.**
8. **Quelle est ta saison préférée ? Pourquoi ?**

UN MONDE À PROTÉGER

Attention, ça chauffe !

Sur la Terre, depuis quelques dizaines d'années, les températures augmentent quelles que soient les saisons. Résultat :
– en montagne, les glaciers fondent, il tombe moins de neige ;
– sur les côtes, le niveau des mers et des océans s'élève, noyant terres et iles ;
– dans les régions les plus chaudes, les déserts s'agrandissent.

Lac Fryxell, *terre Victoria, Antarctique*

Les activités humaines sont en partie responsables de ce réchauffement et il faut tout faire pour dépenser moins d'énergie : essence, électricité…

UN MONDE À S'ÉTONNER

Énorme !

Le Soleil est tellement gigantesque qu'il pourrait contenir un million de Terres !

Trop froid !

En France, l'hiver le plus froid est celui de 1956. Il a fait – 35 °C en Corrèze le 12 février. Il est tombé un mètre de neige à Bordeaux le 22 février.

La Seine gelée

UN MONDE À RÊVER

Musique maestro !

Beaucoup de musiciens ont évoqué les saisons en musique.

Un des plus célèbres est Antonio Vivaldi (italien) qui, il y a 300 ans, a composé *les Quatre saisons*.

À écouter sans modération !

UN MONDE À RETENIR

Une année est composée de 12 mois et 4 saisons : hiver, printemps, été et automne. Les variations de température et d'ensoleillement au cours des saisons font que la nature change.

Mesurer le temps

8

UN MONDE À OBSERVER

A

C

B

F

D

E

Décris chacun des objets ci-dessus et dis à quoi ils servent.

UN MONDE À S'INTERROGER

1. Qu'indiquent une montre et une horloge ?
2. Qu'indiquent un chronomètre et un sablier ?
3. Que trouve-t-on sur un calendrier ? Quand en a-t-on besoin ?

LE SAIS-TU ?

Sais-tu qu'au même instant, il n'est pas la même heure partout sur Terre ?

MOT-CLÉ

Heure

C'est l'unité de temps qui indique comment est découpée une journée.

➥ *Dans une journée, il y a 24 heures.*

➥ *Dans une heure, il y a 60 minutes.*

➥ *Dans une minute, il y a 60 secondes.*

SUR MON CARNET DU REPORTER

Avec un chronomètre, je mesure le temps que je mets à dessiner une montre sur laquelle j'indique l'heure où je me couche.

UN MONDE À DÉCOUVRIR

Mesurer le temps c'est…

… indiquer une heure précise.

La petite aiguille indique les heures.

De midi à minuit, on compte les heures à partir de 12.

La grande aiguille indique les minutes.

1 ➥ 5 minutes

2 ➥ 10 minutes

3 ➥ 15 minutes ou un quart d'heure

6 ➥ 30 minutes ou une demi-heure

9 ➥ 45 minutes ou trois quarts d'heure

12 ➥ 60 minutes ou une heure

Cette heure se lit 3 heures (petite aiguille) 25 minutes (grande aiguille) ou 15 h 25, l'après-midi.

… donner une durée.

DES QUESTIONS POUR MIEUX COMPRENDRE

1 **Explique avec tes mots la différence entre l'heure et la durée.**

2 **Classe les instruments de la page 39 en deux familles :**
– ceux qui donnent l'heure ;
– ceux qui mesurent une durée.

3 **Quand la grande aiguille d'une montre a fait un tour complet du cadran, combien s'est-il écoulé de minutes ?**

Sur un calendrier sont indiqués…

NOVEMBRE 2012

	1	La Toussaint	
	2	Défunt	
	3	Hubert	
D	4	Charles	
	5	Sylvie	◖
	6	Bertille	
	7	Carine	
	8	Geoffroy	
	9	Théodore	
	10	Léon	
D	11	L'Armistice 1918	
	12	Christian	
	13	Brice	●
	14	Sidoine	
	15	Albert	
	16	Marguerite	
	17	Élisabeth	
D	18	Aude	
	19	Tanguy	
	20	Edmond	◗
	21	Prés. Marie	
	22	Cécile	
	23	Clément	
	24	Flora	
D	25	Cath. L.	
	26	Delphine	
	27	Séverin	
	28	Jacq. de la M.	○
	29	Saturnin	
	30	André	

DÉCEMBRE 2012

	1	Florence	
D	2	Viviane	
	3	Xavier	
	4	Barbara	
	5	Gérald	◖
	6	Nicolas	
	7	Ambroise	
	8	Im. Concept.	
D	9	Pierre Fourier	
	10	Romaric	
	11	Daniel	
	12	Jean. Fr.-Ch.	
	13	Lucie	●
	14	Odile	
	15	Ninon	
D	16	Alice	
	17	Gaël	
	18	Gatien	
	19	Urbain	
	20	Abraham	◗
	21	Pierre C.	
	22	HIVER	
D	23	Armand	
	24	Adèle	
	25	Noël	
	26	Étienne	
	27	Jean	
	28	Innocents	○
	29	David	
D	30	Roger	
	31	Sylvestre	

… les 12 mois de l'année ;

… le nom des 7 jours de chaque semaine ;

… les 52 semaines de l'année ;

… les dates ;

… les fêtes religieuses et civiles ;

… les lunes ;

… le début de chacune des quatre saisons ;

… les périodes de vacances scolaires.

MOT-CLÉ

Année

L'année commence le 1er janvier.
Elle est composée de 52 semaines et un jour (365 jours au total).
Elle se termine le 31 décembre.

➥ *On change de calendrier chaque année car le 1er janvier, d'une année à l'autre, ne tombe jamais le même jour.*

Les agendas électroniques (sur téléphone portable, sur ordinateur) remplacent petit à petit les calendriers « papier ».

SUR MON CARNET DU REPORTER

Je note toutes les dates de naissance des membres de ma famille et je précise quels jours de la semaine ont lieu les anniversaires cette année.

4 En 2012, quel jour « tombe » Noël ? le début de l'hiver ? la Toussaint ?

5 Combien de jours comptent les deux mois ci-dessus ?

6 Cite tous les mois manquants de ce calendrier.

7 Quel sera le mois suivant décembre 2012 ?

UN MONDE À S'ÉTONNER

Le calendrier chinois

Le Nouvel An chinois tombe entre le 21 janvier et le 20 février.

Les mois, basés sur le cycle de la Lune, n'ont pas de noms, mais des numéros (de 1 à 12).

Le premier jour de chaque mois (comme tous les autres jours) commence à 23 heures, juste avant la Lune nouvelle.

Chaque année porte le nom d'un animal.

Le 23 janvier 2012 a débuté la 4 709e année du calendrier chinois, année du dragon.

UN MONDE À RÊVER

La pendule

Je suis la pendule, tic !
Je suis la pendule, tac !
On dirait que je mastique
Du mastic et des moustiques
Quand je sonne et quand je craque,
Je suis la pendule, tic !
Je suis la pendule, tac !
J'avance ou bien je recule,
Tic, tac, je suis la pendule,
Je brille quand on m'astique
Je ne suis pas fantastique,
Mais je sais l'arithmétique.
J'ai plus d'un tour dans mon sac,
Je suis la pendule, tic !
Je suis la pendule, tac !

Mon cartable et autres poèmes à réciter,
Pierre Gamarra, *IDlivre jeunesse, 2006*

Montres d'artiste

Les Montres molles, ***Dalí***, *1931*

UN MONDE À RETENIR

Pour mesurer le temps, il existe deux sortes d'instruments :
– certains nous permettent de connaitre l'heure (montre, horloge, réveil) ;
– d'autres de connaitre le temps (la durée) qui s'est écoulé (sablier, chronomètre, calendrier…).

Bienvenue dans le passé

UN MONDE À OBSERVER

A

B

C

D

E

Classe les scènes, les personnages ci-dessus, du plus ancien au plus récent.

UN MONDE À S'INTERROGER

1. Les hommes ont-ils toujours vécu de la même façon ?
2. Comment connait-on la vie d'autrefois ? Que reste-t-il du passé ?
3. Qu'est-ce qu'un évènement, un personnage historique ?

MOT-CLÉ

Passé

C'est tout ce qui a été, qui a eu lieu, par rapport à un moment donné présent.

➥ *On a tous un passé proche (les époques où nos parents, nos grands-parents étaient enfants) et un passé lointain (la Révolution française, le Moyen Âge, la Préhistoire).*

SUR MON CARNET DU REPORTER

Je demande à mes parents, à mes grands-parents, des photos des endroits où ils vivaient quand ils avaient mon âge et je les colle.

UN MONDE À DÉCOUVRIR

Comprendre le passé, c'est…

… savoir comment vivaient les gens.

DES QUESTIONS POUR MIEUX COMPRENDRE

1. Que font les femmes au bord du fleuve? Comment se fait ce travail de nos jours?
2. Quels sont les moyens de transport sur cette photo d'une place de Paris? Quels moyens de transport y voit-on de nos jours?
3. De quelle époque datent ces deux photos: de l'époque de tes parents? de tes grands-parents? de tes arrière-grands-parents? d'une époque plus ancienne?

Vercingétorix

Chef des tribus gauloises, il se bat contre Jules César et ses soldats romains qui ont envahi la Gaule (nom de la France à cette époque).

Louis XIV

Roi de France de 1643 à 1715, Louis XIV, surnommé le Roi-Soleil, fait construire le château de Versailles, où il installe sa cour.

Charles de Gaulle

Il refuse la défaite de la France contre les Allemands en juin 1940 et organise la Résistance. En 1958, Charles de Gaulle devient le premier président de la Ve République.

0 — 500 — 1000 — 1500 — 2000

AU TEMPS DES ROMAINS | AU TEMPS DES ROIS ET DES EMPEREURS | AU TEMPS DE LA RÉPUBLIQUE

Charlemagne

Après avoir conquis les pays voisins de la Gaule, il se fait sacrer empereur, à Rome, en l'an 800, par le pape (chef de tous les chrétiens).

4 **Des quatre personnages de cette page, lequel a vécu :**
– le plus proche (en temps) de nous ;
– le plus éloigné (en temps) de nous ?

5 **Avec tes camarades, recherche où il faut placer sur la frise historique ci-dessus, les deux personnages de la page 43 : Jeanne d'Arc (doc. C) et Napoléon (doc. E).**

6 **Connais-tu d'autres personnages historiques ? Lesquels ? Quand ont-ils vécu ? Qu'ont-ils fait ?**

MOT-CLÉ

Histoire

C'est la connaissance et le récit du passé.

➥ *Les historiens étudient :*
– la façon dont vivaient les gens (leur mode de vie) aux différentes époques ;
– les dates, les évènements et les personnages historiques (tous ceux qui, par leurs actions, ont changé le monde).

SUR MON CARNET DU REPORTER

Je fais des recherches pour expliquer ce que représente le 0 sur la frise.

UN MONDE À PROTÉGER

Partout, le passé

En France, les traces du passé sont nombreuses : ossements, outils, objets, lettres, peintures, sculptures. On les conserve dans des musées, des bibliothèques où tout le monde peut aller les admirer, les étudier.

Les châteaux, les églises, les vieilles maisons, sont aussi des traces du passé qu'il faut restaurer (réparer) et entretenir.

Musée d'Orsay, *Paris*

UN MONDE À S'ÉTONNER

ENIAC le premier ordinateur,
Philadelphie, Pennsylvanie, États-Unis

Pas du tout portables !

Le premier ordinateur entièrement électronique a été construit par deux Américains en 1946 (à peu près à l'époque où tes grands-parents naissaient). Il pesait 30 tonnes (30 000 kg) et occupait 72 m^2, la taille d'un appartement !

Le téléphone portable a 30 ans : bébé, il pesait presque 1 kg et mesurait 25 cm. Depuis, il a beaucoup… rapetissé !

UN MONDE À RÊVER

Artistes préhistoriques

Il y a plus de 20 000 ans, de fabuleux artistes peignaient, sur les murs des grottes, les animaux qu'ils chassaient.

Peinture rupestre dans la grotte de Chimiachas, *Parc culturel du Río Vero, nord de l'Espagne*

UN MONDE À RETENIR

Grâce aux nombreux témoignages, traces du passé (ossements, monuments, écrits, peintures…), nous comprenons quelle était la vie autrefois.
Les historiens étudient les modes de vie de nos ancêtres ainsi que les évènements et les personnages historiques.

LE MONDE DU VIVANT

LE MONDE DU VIVANT

Comment naissent et grandissent les animaux ?

10

UN MONDE À OBSERVER

A

B

C

D

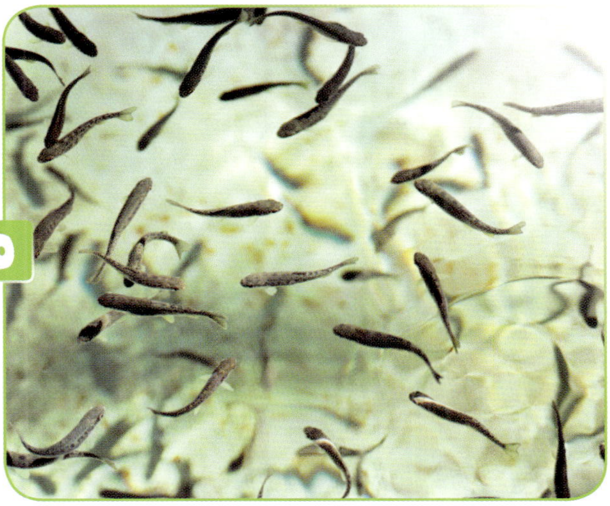

Décris ce que tu vois sur chacune de ces photos.

UN MONDE À S'INTERROGER

1 Est-ce que tous les animaux naissent de la même façon ?

2 Est-ce que tous les animaux :
- grandissent de la même façon ?
- ont besoin de leurs parents pour grandir ?

LE SAIS-TU ?

Sais-tu que le petit du kangourou grandit dans la poche de sa mère ?

MOT-CLÉ

Naissance

C'est le fait de venir au monde, c'est le commencement de la vie.

➥ *Pour qu'il y ait naissance, il faut qu'il y ait d'abord rencontre entre deux parents de sexes différents (un mâle (le père) et une femelle (la mère)) : c'est la reproduction.*

SUR MON CARNET DU REPORTER

Je colle des photos d'animaux en les classant en deux familles :
- les vivipares ;
- les ovipares.

UN MONDE À DÉCOUVRIR

Les animaux naissent…

… en sortant d'un œuf.

Certains animaux (oiseaux, reptiles, poissons, insectes…) naissent à partir d'un œuf pondu par la femelle.

La poule pond des œufs. Puis elle les couve pendant trois semaines durant lesquelles les futurs poussins se développent. Le 21e jour, les poussins brisent la coquille de l'œuf : c'est l'éclosion.

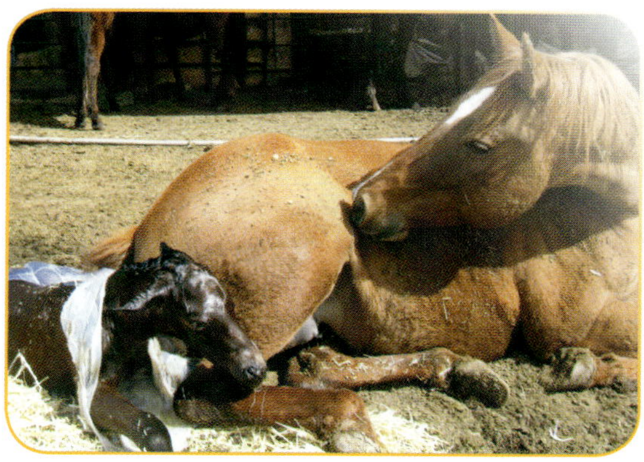

… en sortant du ventre de leur mère.

D'autres animaux naissent en sortant vivants du ventre de leur mère.

Le poulain se développe pendant 11 mois dans le ventre de sa mère (la jument) avant de naitre : c'est la mise bas.

DES QUESTIONS POUR MIEUX COMPRENDRE

1. **De combien de façons naissent les animaux ?**
2. **Explique avec tes mots : « la poule couve ».**
3. **Dis comment est né chacun des animaux de la page 49.**
4. **L'homme est-il un ovipare ou un vivipare ? Pourquoi ?**

Les animaux grandissent…

… de façon continue.

Pour la plupart des animaux, la taille et le poids augmentent de façon régulière de la naissance à l'âge adulte. Certains changent de couleur (le poussin, etc.), d'autres ont des cornes qui poussent (le veau, l'agneau…).

La souris • 1er jour

La souris • 7e jour

La souris • 14e jour

La souris • 21e jour

… en changeant de forme.

Quelques animaux, en grandissant, se transforment complètement (la chenille devient papillon, le têtard devient grenouille…). C'est la métamorphose.

Œufs de papillon

Chenille

Chrysalide

Papillon

5 **Quelles sont les différences entre le veau et sa mère ?**

6 **Décris la souris aux différents stades de sa croissance.**

7 **Explique avec tes mots la métamorphose de la chenille en papillon. À ton avis, que fait le papillon avant de mourir ?**

8 **À ton avis, pourquoi les serpents changent-ils plusieurs fois de peau ?**

MOT-CLÉ

Croissance

C'est le fait de grandir, de se développer de la naissance à l'âge adulte.

➥ *Arrivés à l'âge adulte, les animaux peuvent se reproduire.*

SUR MON CARNET DU REPORTER

Je colle des images des différentes étapes de la métamorphose du têtard en grenouille.

UN MONDE À PROTÉGER

Sauvons les tortues luth !

Les tortues luth sont les plus grosses tortues au monde (2 m de long et 600 kg !). Mais elles sont pourtant en danger.

Si l'on veut que les tortues luth continuent à enchanter nos océans, il faut :
– protéger les plages de ponte des braconniers qui les tuent pour vendre leur viande ;
– pêcher avec des filets dont elles peuvent s'échapper ;
– ne plus jeter de sacs plastique à la mer. Les tortues croient que ce sont des méduses (leur plat préféré) et s'étouffent en les avalant.

UN MONDE À S'ÉTONNER

Trop courte la vie

L'éphémère est un insecte dont la larve aquatique vit un an et l'adulte un seul jour !

Un beau bébé

La gestation (la grossesse) chez l'éléphante dure 22 mois. À la naissance, l'éléphanteau pèse en moyenne 120 kg !

UN MONDE À RÊVER

Le papillon

Ce billet doux plié
en deux cherche
une adresse de fleur.

L'âne

Le lapin devenu grand.

Le chien

Entre le chien et son maitre,
il n'y a que le saut d'une puce.

Histoires naturelles, ***Jules Renard***

UN MONDE À RETENIR

Les animaux naissent de deux façons :
– soit en sortant vivants du ventre de leur mère ;
– soit en sortant d'un œuf pondu.
Ils grandissent jusqu'à l'âge adulte puis ils se reproduisent et meurent.

À chacun son menu

UN MONDE À OBSERVER

A

B

C

D

Décris ce que tu vois sur chacune des photos
et ce qu'est en train de faire chaque animal.

UN MONDE À S'INTERROGER

1. Est-ce que les animaux mangent tous la même chose?
2. Comment appelle-t-on les animaux qui se nourrissent d'herbe? de viande?
3. Que se passerait-il s'il n'y avait plus de plantes sur Terre?

UN MONDE À DÉCOUVRIR

Certains animaux sont…

… carnivores.

Ils mangent uniquement de la viande. Ils chassent et tuent d'autres animaux pour se nourrir.

… végétariens.

Ils se nourrissent uniquement de végétaux : herbes, plantes, racines, feuilles…

… omnivores.

Ils se nourrissent à la fois de viande et de végétaux suivant ce qu'ils trouvent dans la nature.

DES QUESTIONS POUR MIEUX COMPRENDRE

1. **Dresse une liste d'animaux en précisant s'ils sont carnivores ou végétariens.**
2. **Recherche d'autres aliments mangés par le hérisson ou le renard, un autre omnivore.**
3. **Recherche ce que mange l'ours puis dis quel est son régime alimentaire.**
4. **Que penses-tu de la réflexion de Nora ?**

MOT-CLÉ

Alimentation

C'est la nourriture nécessaire pour vivre.

→ *Les animaux ne mangent pas tous la même chose, mais presque tous les animaux ont besoin les uns des autres pour survivre.*

→ *S'il n'y avait pas de plantes, les végétariens ne pourraient pas se nourrir et donc ne pourraient pas vivre.*
Du coup, les carnivores, qui mangent les végétariens, ne pourraient pas vivre non plus.

SUR MON CARNET DU REPORTER

Je colle des photos d'animaux en les classant en trois groupes :
- végétariens ;
- carnivores ;
- omnivores.

Sans les plantes…

… pas d'animaux !

MOT-CLÉ

Chaine alimentaire

Une chaine alimentaire est une suite d'êtres vivants dans laquelle chacun mange celui qui le précède.

➥ *Dans une chaine alimentaire, le premier maillon est toujours un végétal.*

SUR MON CARNET DU REPORTER

Je construis une chaine alimentaire en partant d'un végétal de mon environnement.

5 Qu'est-ce qui est mangé par le lapin ? par le renard ? par le rapace ?

6 Combien de chaines alimentaires sont représentées ci-dessus ? Décris-les une par une.

7 Explique avec tes mots l'importance des végétaux.

8 Construis une chaine alimentaire en partant d'un champignon mangé par un hérisson.

UN MONDE À PROTÉGER

Pense à eux !

L'hiver, les oiseaux ont deux ennemis : le froid et la neige qui recouvre leur nourriture (graines, vers…).

Tu peux sauver beaucoup de petits oiseaux en installant autour de chez toi, dans les parcs des villes, des nichoirs et des mangeoires. Ou plus simplement en mettant des miettes de pain, des graines, des morceaux de graisse, sur le rebord des fenêtres et dans les endroits abrités.

UN MONDE À S'ÉTONNER

Énorme !

La baleine bleue (ou rorqual bleu) est le plus gros animal vivant. Elle mesure 33 m de long et pèse jusqu'à 170 tonnes (cœur : 1 tonne, langue : 3 tonnes).

Elle se nourrit uniquement de petits crustacés, le krill (ou plancton) mais en grande quantité : 3 600 kg par jour !

UN MONDE À RÊVER

Comme nous !

Avoir un appétit d'oiseau.

Avoir une faim de loup.

Se lécher les babines.

UN MONDE À RETENIR

Pour vivre, les animaux doivent se nourrir : boire et manger. Les végétariens ne mangent que des végétaux. Les carnivores ne mangent que de la viande. Les omnivores mangent de tout.

Comment naissent et grandissent les plantes ?

UN MONDE À OBSERVER

A

B

C

D

Décris ce que tu vois sur chacune de ces photos.

UN MONDE À S'INTERROGER

1. Est-ce que les plantes naissent toutes de la même façon ?
2. Que faut-il aux plantes pour qu'elles poussent ?
3. De quoi se nourrissent les plantes ?

LE SAIS-TU ?

Sais-tu que c'est grâce aux plantes que nous pouvons respirer sur Terre ?

MOT-CLÉ

Graine

Toutes les graines sont dans les fruits de la plante.

➥ *Les pépins de tomates, de melons, d'oranges sont des graines.*

➥ *D'autres plantes ont leurs graines bien protégées dans les noyaux de leurs fruits : la cerise, la prune…*

➥ *Sans les graines, les plantes qui meurent chaque année (blé, maïs…) ne pourraient pas renaitre.*

SUR MON CARNET DU REPORTER

Je colle des photos de plantes en les classant en deux familles :
– naissance à partir d'une graine ;
– naissance à partir d'un bulbe ou d'un tubercule.

UN MONDE À DÉCOUVRIR

Les plantes naissent…

… à partir d'une graine.

Germination d'une graine de haricot

Tombées ou semées dans la terre, les graines germent. Le bourgeon contenu dans la graine se développe : des racines s'enfoncent dans le sol et une tige sort de terre. Une nouvelle plante est née.

… à partir d'un bulbe ou d'un tubercule.

Bulbe d'ognon

Tubercule de pomme de terre

Certaines plantes passent l'hiver sous terre, sous forme d'un bulbe (ognon, tulipe…) ou d'un tubercule (pomme de terre…). Elles renaissent au printemps quand ces bulbes et tubercules germent.

DES QUESTIONS POUR MIEUX COMPRENDRE

1. De combien de façons naissent les plantes ? Lesquelles ?
2. Qu'est-ce qu'il y a dans la graine, qui lui permet de germer ?
3. Explique avec tes mots tout ce qui se passe quand une graine germe.
4. Que deviennent les plantes qui ont des graines ?

Les plantes se nourrissent…

… par leurs racines.

Grâce à leurs racines, les plantes prennent, dans la terre, l'eau et les sels minéraux qui leur sont nécessaires pour grandir.

… par leurs feuilles.

Grâce à leurs feuilles, les plantes captent la lumière du Soleil et le gaz carbonique dans l'air. Sans lumière, sans gaz carbonique, les plantes meurent.

5 **À quoi servent les racines de la plante ?**

6 **Dis tout ce dont a besoin une plante pour pousser.**

7 **Page 57 : pourquoi n'y a-t-il aucune plante dans le désert ?**

8 **À ton avis, y a-t-il beaucoup de plantes dans les endroits très froids ? Pourquoi ?**

MOT-CLÉ

Racines

Partie de la plante qui pousse dans la terre.

➥ *Sans racines, la plante ne pourrait ni se nourrir, ni être fixée, accrochée au sol.*

SUR MON CARNET DU REPORTER

Je mets :
– une plante que j'arrose régulièrement dans un endroit sans lumière ;
– deux plantes dans un endroit bien éclairé, une que j'arrose régulièrement et l'autre, pas du tout.
Au bout de trois semaines, je note et dessine ce que sont devenues chacune des trois plantes.

UN MONDE À PROTÉGER

Des arbres contre le désert

En Afrique, pour stopper l'avancée du Sahara (le plus grand désert du monde), 11 pays ont pour projet de planter des millions d'arbres, d'arbustes et de plantes rampantes, sur 7 000 km de long et 15 km de large.

UN MONDE À S'ÉTONNER

Séquoia

Attention au vertige !

L'arbre le plus grand du monde est un séquoia à feuilles d'if, de Californie (États-Unis d'Amérique) : il mesure 115,50 m de haut !

Millénaire !

L'arbre le plus vieux du monde est aussi aux États-Unis d'Amérique : c'est un pin de Bristlecone qui a presque 5 000 ans !

UN MONDE À RÊVER

Au dehors, l'arbre est là

Au dehors, l'arbre est là et c'est bon qu'il soit là,
Signe constant des choses qui plongent dans l'argile.

Il est vert, il est grand, il a des bras puissants.

Ses feuilles comme des mains d'enfant qui dort
S'émeuvent et clignent.

Terraqué, ***Eugène Guillevic***, *Gallimard, Paris, 1942*

UN MONDE À RETENIR

Les plantes sont des êtres vivants qui se nourrissent par leurs racines et par leurs feuilles. Elles se reproduisent par leurs graines, leurs bulbes ou leurs tubercules.

Un environnement à respecter

13

UN MONDE À OBSERVER

A

B

C

D

Décris ce que tu vois sur chacune de ces photos.

UN MONDE À S'INTERROGER

1. D'où viennent les déchets ? Que deviennent-ils ?
2. À quoi sert l'eau ?
3. Sur Terre, l'eau est-elle inépuisable (y en aura-t-il toujours) ?

LE SAIS-TU ?

Sais-tu qu'il faut plusieurs centaines d'années pour que du plastique jeté dans la nature disparaisse ?

UN MONDE À DÉCOUVRIR

On produit des déchets…

… à la maison.

… et partout où l'on vit !

MOT-CLÉ

Déchet

Ce qui reste d'un objet ou d'un aliment après son utilisation.

➥ *Les déchets doivent être jetés à la poubelle.*

➥ *Une personne produit environ 1 kg de déchets par jour.*

SUR MON CARNET DU REPORTER

Je réalise une affiche pour aider ma famille à trier les déchets : je dessine les poubelles de tri et ce que l'on met dedans.

DES QUESTIONS POUR MIEUX COMPRENDRE

1. Que jette-t-on à la poubelle ?
2. Dis dans quelle poubelle on doit jeter chaque déchet présent sur cette page.
3. À quoi sert le recyclage ?
4. Comment réduire la quantité de déchets que l'on produit chaque jour ?

L'eau…

… est indispensable à la vie.

MOT-CLÉ

Eau potable

Eau douce (qui n'est pas salée) qui peut être bue sans danger pour la santé.

➥ *En France, l'eau du robinet est potable car elle est traitée.*

➥ *L'eau potable manque dans plusieurs pays :*
– soit à cause de la sécheresse ;
– soit à cause du manque d'hygiène et du manque de traitement de l'eau.

➥ *Les ressources en eau potable ne sont pas inépuisables. Il faut apprendre à l'économiser.*

… manque dans de nombreux endroits.

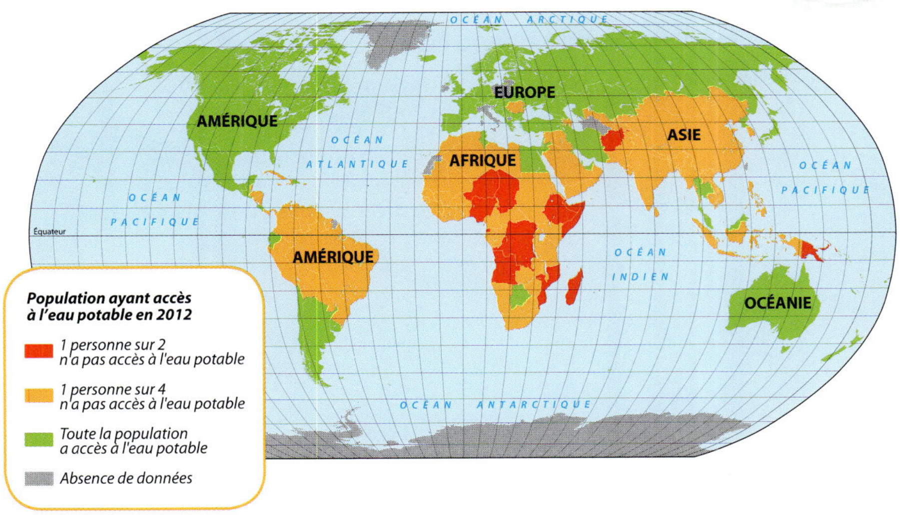

Le 28 juillet 2010, l'ONU a décidé que l'accès à une eau potable propre et de qualité est un droit de l'homme.

SUR MON CARNET DU REPORTER

Je note tous les moyens que je connais pour économiser l'eau. J'illustre un de ces moyens par un dessin ou une photo.

5 **Qui a besoin d'eau pour vivre ?**

6 **Peut-on boire l'eau de mer ?**

7 **Sur quels continents manque-t-on d'eau potable ? À ton avis, pourquoi ?**

8 **À ton avis, pourquoi faut-il économiser l'eau ?**

UN MONDE À PROTÉGER

Des emballages pas toujours nécessaires

Certains emballages sont utiles pour transporter les aliments : bouteille ou brique pour le lait, boite pour les gâteaux…

D'autres emballages sont inutiles : barquettes de fruits sous plastique, emballages individuels dans une boite…

Pour réduire sa production de déchets, on peut choisir d'acheter des aliments qui sont peu ou pas emballés.

UN MONDE À S'ÉTONNER

Dans l'espace, chaque goutte d'eau est précieuse. Les astronautes n'emportent qu'une très petite réserve d'eau, car ils ont peu de place. Pour qu'ils puissent boire suffisamment, des appareils sophistiqués recyclent l'humidité de la cabine, mais aussi la transpiration et les urines des astronautes. Il ne faut pas trop y penser quand on a une petite soif !

Une eau… particulière !

L'astronaute ***Frank de Winne*** démonte l'appareil qui permet de recycler l'urine.

UN MONDE À RÊVER

Recyclage artistique

Le sculpteur français ***César*** (1921-1998) utilisait des matériaux de récupération trouvés dans des décharges pour réaliser ses sculptures.

Compression, ***César***, *1962*

UN MONDE À RETENIR

Une personne produit environ 1 kg de déchets par jour. Il faut trier les déchets pour les recycler et les réduire au maximum. Les hommes, les animaux et les plantes ont besoin d'eau pour vivre. L'eau n'est pas inépuisable. Il faut l'économiser.

Un corps à s'occuper

14

UN MONDE À OBSERVER

Décris ce qui se passe dans chacune de ces quatre vignettes.
Que penses-tu, à chaque fois, de l'attitude de la petite fille ou du petit garçon?

UN MONDE À S'INTERROGER

4 Est-ce important de dormir bien et suffisamment? Pourquoi?

5 Est-ce important de faire des activités physiques, du sport? Pourquoi?

6 Pourquoi faut-il se laver régulièrement le corps, les dents, les mains?

MOT-CLÉ

Santé

C'est l'état et le fonctionnement d'un être vivant.

→ *Être en bonne santé veut dire avoir un corps qui fonctionne correctement.*

→ *La santé s'entretient. Elle demande de prendre soin quotidiennement de son corps.*

SUR MON CARNET DU REPORTER

Pendant 15 jours, je note mon heure de coucher et mon heure de lever. Je calcule et note combien d'heures je dors chaque jour.

UN MONDE À DÉCOUVRIR

Prendre soin de son corps, c'est…

… dormir suffisamment :

– pour se reposer des fatigues de la journée ;
– pour reprendre des forces ;
– pour grandir (quand on est enfant).

HEURES DE SOMMEIL NÉCESSAIRES CHEZ L'ENFANT	
0 – 1 an	16 à 18 heures
1 – 2 ans	13 à 14 heures
3 – 5 ans	11 à 12 heures
6 – 10 ans	10 heures
11 – 13 ans	9 heures et demie
14 – 18 ans	9 heures

… avoir une activité physique régulière :

– pour faire travailler ses muscles, ses articulations, son cœur, ses poumons…
– pour éviter de devenir obèse (très gros).

DES QUESTIONS POUR MIEUX COMPRENDRE

1. **Combien dois-tu dormir d'heures par jour ? Pourquoi ?**
2. **Que fait-on aussi pendant notre sommeil ?**
3. **À ton avis, pourquoi le bébé entre 0 et 1 an doit-il dormir aussi longtemps ?**
4. **Cherche, page 67, ce qu'il faut également faire pour ne pas devenir obèse.**

… avoir une alimentation saine et équilibrée en mangeant :

- peu de sucre : il fait grossir et provoque des caries dentaires !
- des produits laitiers (bon pour la croissance) à chaque repas ;
- au moins 5 fruits et légumes (riches en vitamines) par jour ;
- des céréales (riches en fibres) à chaque repas ;
- et en buvant beaucoup d'eau (indispensable pour le corps, c'est la plus saine des boissons).

… se laver régulièrement.

Et plus particulièrement, les mains. Lavage avant chaque repas, mais aussi plusieurs fois pendant la journée, pour chasser tous les microbes qui s'y déposent et qui peuvent nous transmettre de nombreuses maladies.

1 Avec du savon

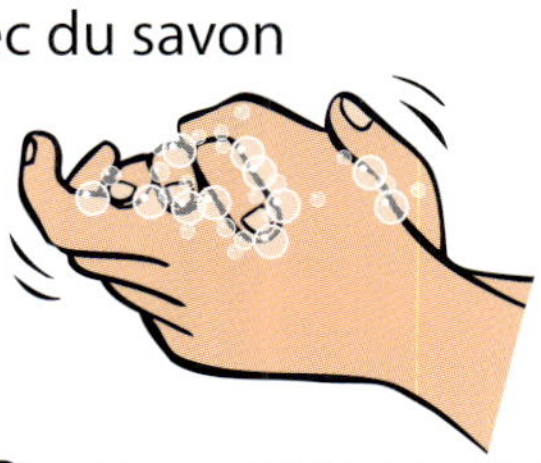

Paume contre paume

2

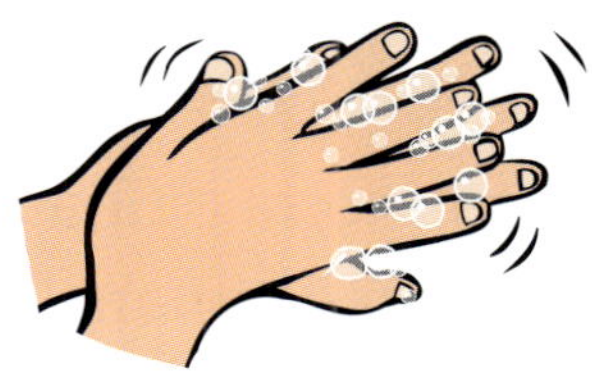

Paume d'une main sur le dos de l'autre et vice versa

3

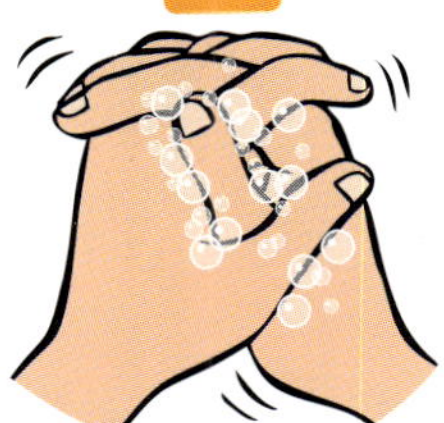

Paume contre paume
Doigts entrelacés

4

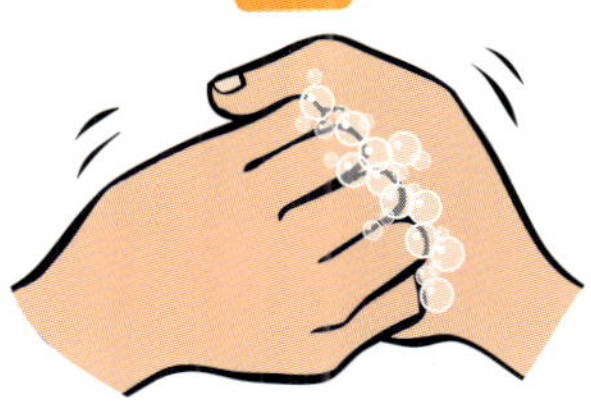

Dos des doigts
Mains entrecroisées

RINÇAGE ET ESSUYAGE DANS UNE SERVIETTE EN PAPIER À USAGE UNIQUE.

MOT-CLÉ

Hygiène

C'est l'ensemble des soins visant à la propreté du corps.

➥ *C'est aussi l'ensemble des pratiques pour préserver et améliorer la santé.*

➥ *L'hygiène dentaire est très importante : manger trop de sucre et ne pas se brosser régulièrement les dents favorisent les caries.*

SUR MON CARNET DU REPORTER

Je dessine deux affiches :
- une pour vanter les mérites d'un bon et long sommeil ;
- une pour donner des conseils pour avoir une bonne dentition.

5 **Décris avec tes mots la pyramide alimentaire.**

6 **En une journée, manges-tu de toutes les sortes d'aliments de la pyramide ?**

7 **Qu'est-ce qu'une carie ? Comment les éviter ?**

8 **Pourquoi les mains sont-elles plus souvent sales que le reste du corps ? Décris ce qu'il faut faire pour se laver correctement les mains.**

UN MONDE À PROTÉGER

Maison, danger !

Prendre soin de son corps, c'est aussi faire attention à tous les dangers de la maison.

- **Ne pas boire n'importe quoi.**
- **Ne pas jouer avec les allumettes.**
- **Ne pas toucher les plaques chauffantes ni les portes de four.**
- **Ne pas se pencher au balcon ni aux fenêtres.**
- **Ne pas toucher aux prises électriques.**

Les accidents domestiques sont la première cause de mortalité chez les jeunes enfants !

UN MONDE À S'ÉTONNER

À chacun sa façon de dormir !

La girafe dort debout.

Le flamant rose replie une patte pour dormir.

Le paresseux dort 20 heures par jour, pendu à une branche, tête en bas.

Et comme l'homme, la plupart des animaux rêvent en dormant !

UN MONDE À RÊVER

La chanson du soir

Chantez ! La nuit sera brève.
Il était une fois un vieil homme tout noir ;
Il avait un manteau fait de rêve.
Un chapeau fait de brume du soir.
Chantez ! La nuit sera brève.
(…)

Chantez ! La nuit sera belle.
Le vieil homme sourit à l'enfant qui s'endort.
Vient fermer sa paupière rebelle,
Sable fin du sommeil, sable d'or !
Chantez ! La nuit sera belle.
(…)

Par le glaive, ***Jean Richepin***, *Fasquelle, Paris, 1892*

UN MONDE À RETENIR

Pour être en bonne santé, il faut prendre soin de son corps et donc :
– dormir suffisamment ;
– avoir une alimentation équilibrée ;
– faire des activités physiques ;
– avoir une bonne hygiène corporelle (dents, mains…).

LA MATIÈRE

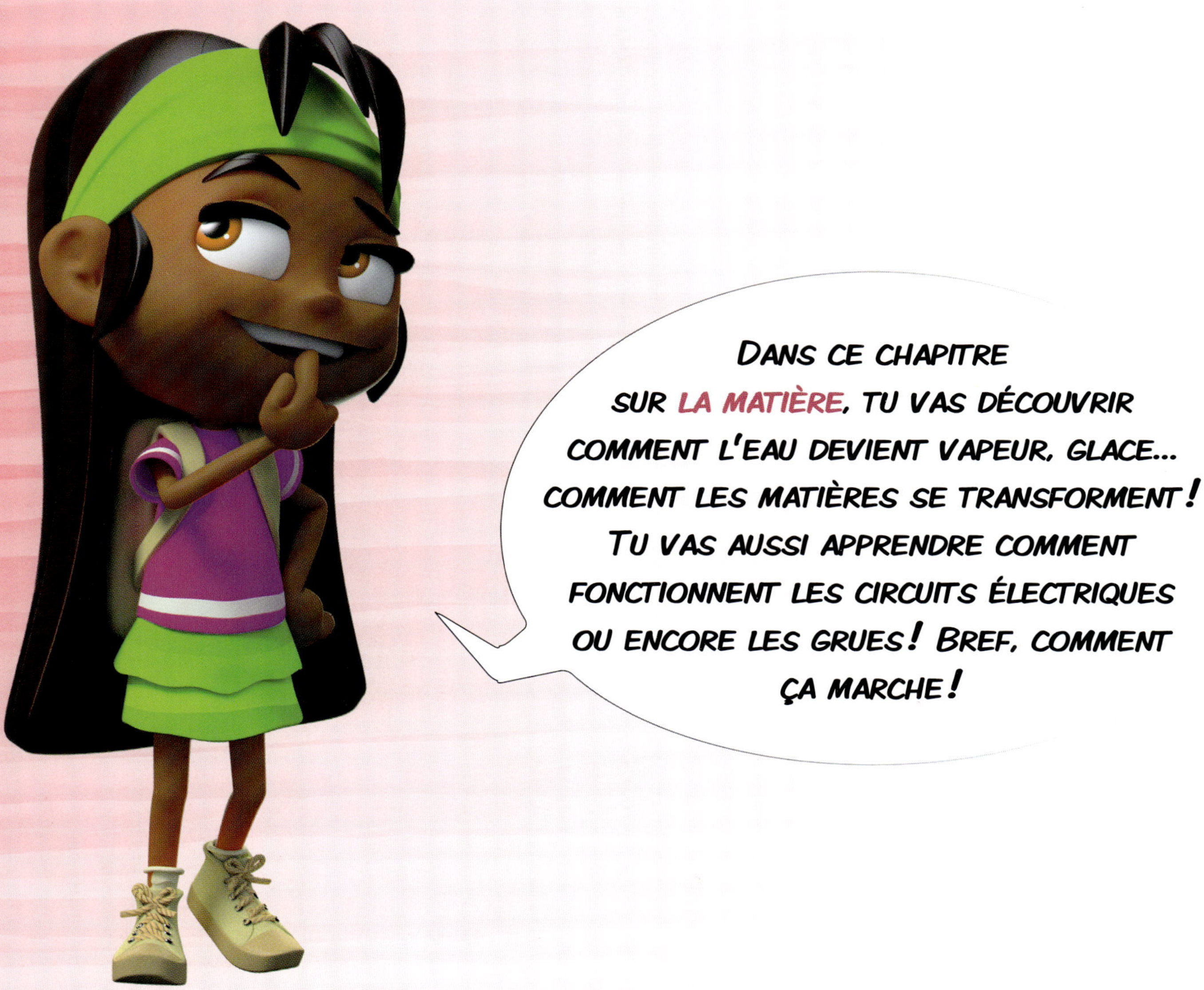
DANS CE CHAPITRE SUR LA MATIÈRE, TU VAS DÉCOUVRIR COMMENT L'EAU DEVIENT VAPEUR, GLACE… COMMENT LES MATIÈRES SE TRANSFORMENT ! TU VAS AUSSI APPRENDRE COMMENT FONCTIONNENT LES CIRCUITS ÉLECTRIQUES OU ENCORE LES GRUES ! BREF, COMMENT ÇA MARCHE !

LA MATIÈRE

L'eau dans tous ses états

UN MONDE À OBSERVER

Décris ce que tu vois sur cette photo et les différents états (formes) de l'eau.

UN MONDE À S'INTERROGER

1. Quels sont les différents états de l'eau dans la nature ?
2. Que devient l'eau quand on fait sécher du linge mouillé ?
3. À partir de quelle température l'eau se transforme-t-elle en glace ?

MOT-CLÉ

Eau

Liquide incolore (qui n'a pas de couleur), inodore (qui ne sent pas) et insipide (qui n'a pas de gout).

➥ *L'eau est indispensable à la vie des hommes, des animaux et au développement de la végétation.*

➥ *Il y a aussi beaucoup d'eau sous terre : l'eau des pluies s'infiltre dans le sol et forme des nappes d'eau, des rivières souterraines.*

SUR MON CARNET DU REPORTER

Je colle des photos de l'eau en les classant suivant ses trois états.

UN MONDE À DÉCOUVRIR

Dans la nature, l'eau est…

… liquide.

L'eau sous sa forme liquide recouvre 70 % de la Terre :
– eau salée : 97 % (océans et mers) ;
– eau douce : 3 % (lacs, rivières, étangs, mares…).

… solide.

Sous l'effet du froid, l'eau devient solide sous forme de glace, de neige ou de givre.

… gazeuse.

Sous l'effet de la chaleur, l'eau s'évapore et devient de la vapeur d'eau, invisible.

DES QUESTIONS POUR MIEUX COMPRENDRE

1. **Quels sont les trois états (formes) de l'eau dans la nature ?**
2. **À part les icebergs et la banquise, où trouve-t-on de la glace dans la nature ?**
3. **Quels sont les états de l'eau dans les phénomènes que cite Nora ?**
4. **Liste tout ce que l'homme fait avec de l'eau.**

L'eau change d'état suivant…

… la température.

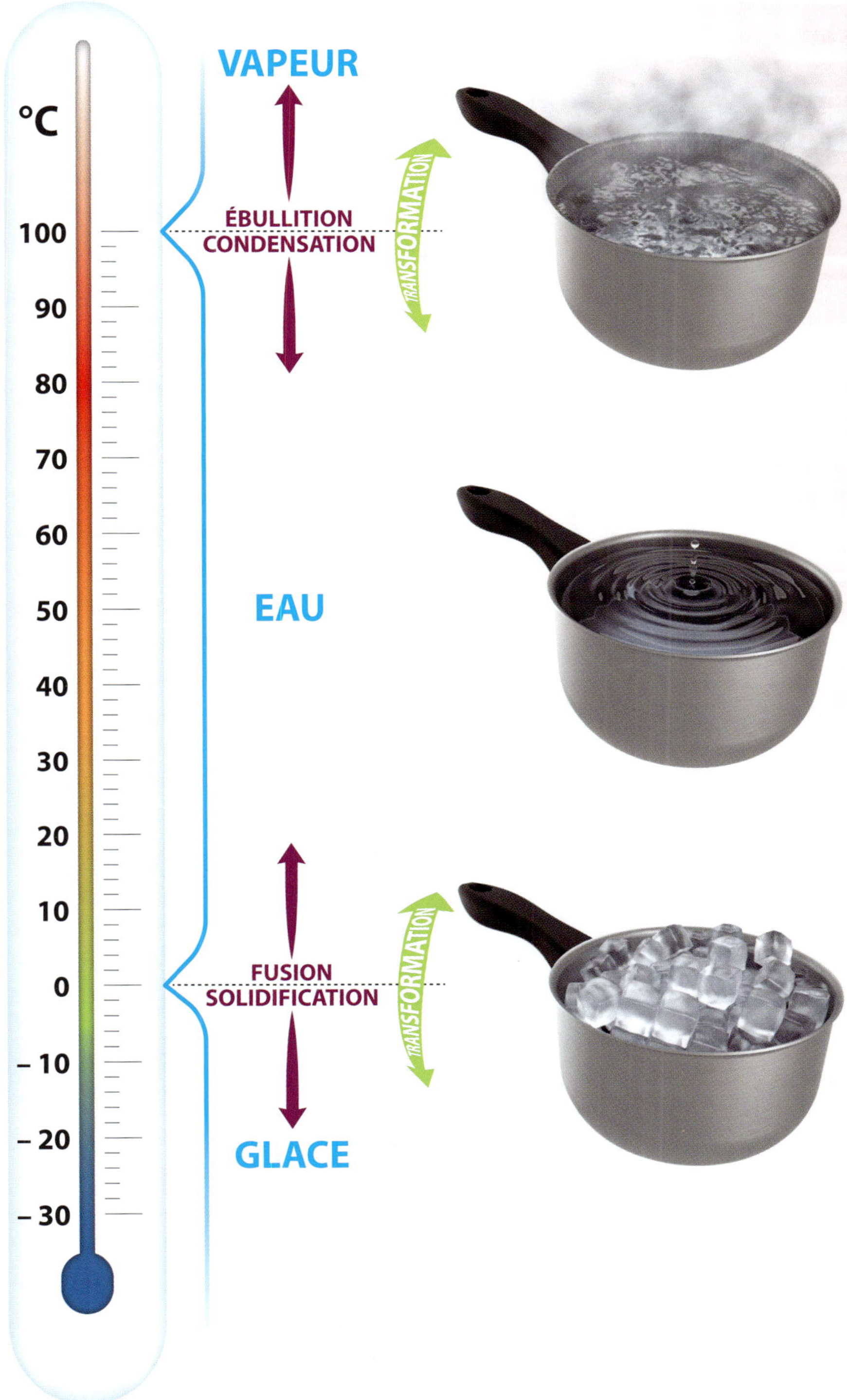

SUR MON CARNET DU REPORTER

Je mets la même quantité d'eau dans trois verres. J'en mets un au congélateur, un sur la table de la cuisine et le troisième sur un radiateur allumé. Le lendemain, je regarde ce qu'est devenue l'eau dans chacun des verres. Je dessine, note et explique ce qui s'est passé.

Je remplis une bouteille plastique d'eau. Je la mets au congélateur. Le lendemain, je regarde ce qui s'est passé ; je le dessine et l'explique.

5 À partir de quelle température l'eau gèle-t-elle ?

6 Comment s'appelle la transformation de l'eau en glace ?

7 Qu'appelle-t-on la fusion ?

8 À quelle température l'eau bout-elle ?

UN MONDE À PROTÉGER

Station d'épuration près d'Emden, *nord de l'Allemagne*

Une eau précieuse

L'homme a besoin d'eau propre pour se laver et d'eau potable pour boire.

C'est pour cela qu'il faut :
– traiter (nettoyer) les eaux usagées (du bain, de la cuisine, de la machine à laver…) avant de les rejeter dans la nature ;
– empêcher les usines de rejeter des déchets dans les rivières.

UN MONDE À S'ÉTONNER

À l'eau !

Notre corps est composé de 65 % d'eau.
Si tu pèses 30 kg : 20 kg d'eau !

Le corps de la méduse est composé de 98 % d'eau !

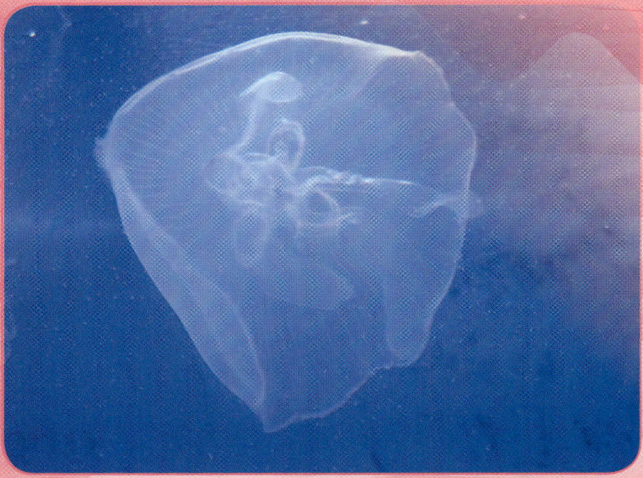

UN MONDE À RÊVER

Pour la liberté

Laissez chanter
L'eau qui chante
Laissez courir
L'eau qui court
Laissez vivre
L'eau qui vit
L'eau qui bondit
L'eau qui jaillit
Laissez dormir
L'eau qui dort
Laissez mourir
L'eau qui meurt.

Philippe Soupault, Poèmes et poésies,

UN MONDE À RETENIR

Suivant la température, l'eau est liquide, solide ou gazeuse.
Elle se transforme :
– en glace en dessous de 0 °C ;
– en vapeur sous l'effet de la chaleur.
L'eau est indispensable à la vie : il faut éviter de la polluer et ne boire que de l'eau potable.

Solides et liquides

16

UN MONDE À OBSERVER

A

B

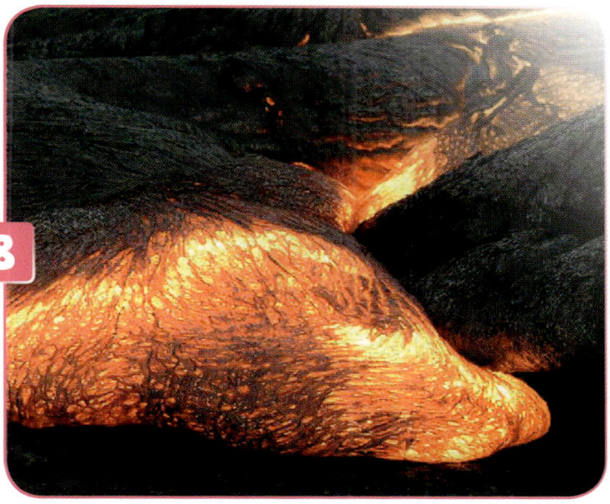

C

D

Décris ce que tu vois sur chacune de ces photos.

UN MONDE À S'INTERROGER

1 Qu'est-ce qu'un solide ?
2 Qu'est-ce qu'un liquide ?
3 Un solide est-il forcément dur ?

LE SAIS-TU ?

Sais-tu que la poussière est un solide ?

UN MONDE À DÉCOUVRIR

Un liquide…

… fait des gouttes.

… coule.

… prend la forme du récipient où on le met.

… a toujours une surface horizontale.

MOTS-CLÉS

Visqueux

Qui colle et s'écoule difficilement.

➥ *Un liquide peut être visqueux.*

Transparent

Qui permet de voir au travers.

➥ *L'eau est transparente.*

SUR MON CARNET DU REPORTER

Je colle des photos de liquides de trois couleurs différentes et j'écris leur nom.
Je verse une cuillère d'eau dans une assiette.
Je verse une cuillère de miel liquide (ou de sirop) dans une autre assiette.
Je compare, je décris et dessine ce qui se passe.

DES QUESTIONS POUR MIEUX COMPRENDRE

1. Quelle forme a un liquide ?
2. Quelle couleur peut avoir un liquide ?
3. Continue la liste de liquides de Nora.
4. Décris les liquides de cette page en utilisant les mots-clés.

Un solide…

… peut être dur ou mou.

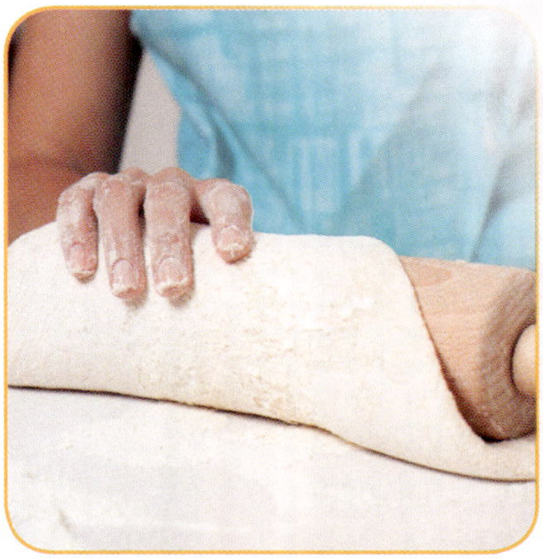

… peut être énorme ou minuscule.

… garde sa forme ou la forme qu'on lui donne.

5 De quels solides est-il question dans cette page ?

6 Quelles sont toutes les différences entre les solides des deux premières photos ?

7 Réponds à la question de Marius.

8 Cite trois solides qui sont des poudres.

MOT-CLÉ

Poudre

Substance solide composée de très petites parties identiques.

➥ *La farine est une poudre.*

SUR MON CARNET DU REPORTER

Je colle les photos de trois solides de mon choix puis je les compare : poudre, dur, mou, gros, petit, lisse…

UN MONDE À PROTÉGER

Le bois, un solide en danger

L'homme se sert du bois pour fabriquer du papier, des objets, des maisons et pour se chauffer. Environ 13 millions d'hectares de forêt disparaissent chaque année, c'est-à-dire la surface d'un stade de football toutes les 15 secondes !

Pour éviter de détruire des forêts entières, il est important d'utiliser du bois qui provient de forêts gérées : des forêts où l'on plante autant d'arbres qu'on en coupe. Pour être sûr, on achète des produits qui ont un écolabel : PEFC, FSC, etc.

Déforestation, *Venezuela*

UN MONDE À S'ÉTONNER

C'est du solide !

Le diamant est l'une des matières naturelles les plus dures, il coupe même le verre. Il est si dur que pour tailler un diamant on utilise… un autre diamant !

UN MONDE À RÊVER

L'eau plus forte que la pierre

Avant, il y avait de l'eau dans cette rivière souterraine. C'est elle qui a sculpté ces formes étranges dans la pierre.

UN MONDE À RETENIR

Un liquide fait des gouttes, coule, prend la forme du récipient où on le met et a toujours une surface horizontale.
Un solide peut être dur ou mou, gros ou petit, et garde toujours sa forme ou la forme qu'on lui a donnée.
Les poudres sont des solides.

Des matières dans tous leurs états

UN MONDE À OBSERVER

A

B

C

D

Décris ce que tu vois sur chacune de ces photos.

UN MONDE À S'INTERROGER

1. Un solide peut-il devenir liquide ? Si oui, comment ?
2. Un liquide peut-il devenir solide ? Si oui, comment ?
3. Peut-on faire fondre n'importe quel solide ?

LE SAIS-TU ?

Sais-tu que la matière peut être gazeuse ?

MOT-CLÉ

Fondre

Devenir liquide à cause de la chaleur.

➥ *La glace fond au soleil.*

SUR MON CARNET DU REPORTER

Je demande à un adulte de m'aider. J'essaie de faire fondre différents aliments séparément dans une casserole. Je dessine un tableau avec deux colonnes (fond, ne fond pas) et je colle la photo de chaque aliment dans la colonne qui convient.

UN MONDE À DÉCOUVRIR

Certaines matières solides…

… fondent avec la chaleur…

… et redeviennent solides en refroidissant.

DES QUESTIONS POUR MIEUX COMPRENDRE

1. Comment fait-on fondre un solide ?
2. De quelles matières est-il question dans cette page ?
3. Comment fait-on pour donner une forme à un solide que l'on peut faire fondre ?
4. Cherche d'autres matières qui fondent avec la chaleur et qui redeviennent solides en refroidissant.

Certaines matières liquides deviennent solides…

… avec la chaleur.

… avec le froid.

… par transformation.

5 De quels liquides est-il question dans cette page ?

6 Une matière liquide qui devient solide avec le froid peut-elle redevenir liquide ?

7 Cherche d'autres matières liquides qui deviennent solides avec la chaleur.

8 Cherche des matières liquides qui ne peuvent pas devenir solides avec la chaleur.

MOT-CLÉ

Congeler

Rendre une matière solide grâce au froid (température inférieure à 0 °C).

➥ *Pour congeler de l'eau, il faut une température égale ou inférieure à 0 °C.*

SUR MON CARNET DU REPORTER

Je verse des liquides différents dans des petits récipients que je mets au congélateur. Le lendemain, j'observe ce qui s'est passé pour chaque liquide et je le note.

UN MONDE À PROTÉGER

Attention pollution !

Le pétrole est une matière liquide visqueuse et épaisse que l'on trouve sous terre.
On le transforme principalement en essence, mais aussi en plastique.

Le pétrole est très polluant :
– il provoque des marées noires en mer et sur les côtes lors des accidents des pétroliers ;
– en brulant, l'essence dégage des gaz qui polluent l'air.

Oiseau mazouté lors de la marée noire Erika, *décembre 1999*

On cherche des moyens pour remplacer le pétrole.
Le plastique se recycle, alors pense à le mettre dans la poubelle jaune.

UN MONDE À S'ÉTONNER

Aussi bon solide que liquide !

Le fromage est un solide fait à partir d'un liquide (le lait). Il redevient liquide avec la chaleur, comme dans la fondue savoyarde ou la raclette. Le fromage fondu se transforme de nouveau en solide en refroidissant.

UN MONDE À RÊVER

L'art du bronze

De nombreux sculpteurs utilisent le bronze pour réaliser des œuvres d'art. On obtient le bronze en faisant fondre deux métaux, le cuivre et l'étain. L'artiste réalise un moule dans lequel il coule le mélange. Il le laisse refroidir, puis il casse le moule pour obtenir la sculpture.
Le bronze est extrêmement lourd et solide.

La louve du Capitole, *Ve siècle avant J.-C., Italie*

UN MONDE À RETENIR

**Une matière solide peut devenir liquide avec la chaleur.
C'est le cas du métal ou du chocolat.
Une matière liquide peut devenir solide avec la chaleur.
C'est le cas de la pâte à crêpes.**

Électricité et circuits électriques

18

UN MONDE À OBSERVER

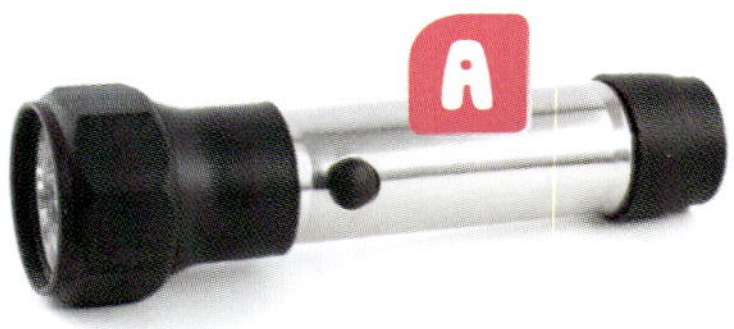

Décris chacun des appareils ci-dessus et précise s'ils fonctionnent avec des piles ou avec le courant électrique de la maison.

UN MONDE À S'INTERROGER

1. D'où provient l'électricité ?
2. Que faut-il pour qu'une ampoule s'allume (brille) ?
3. Est-ce que l'électricité peut être dangereuse ?

LE SAIS-TU ?

Sais-tu que la foudre est une décharge électrique ?

MOT-CLÉ

Ampoule

Petit à petit, les ampoules économiques (la lumière est produite par un gaz chauffé) remplacent les ampoules classiques (la lumière est produite par un filament chauffé).

➥ *L'ampoule économique dure 6 à 10 fois plus longtemps qu'une ampoule classique et consomme jusqu'à 5 fois moins d'électricité.*

➥ *Attention, l'ampoule économique contient un peu de mercure et il faut donc la mettre dans un conteneur spécial pour qu'elle soit recyclée.*

SUR MON CARNET DU REPORTER

Je colle des photos d'appareils électriques en les classant en deux groupes :
- ceux qui fonctionnent avec des piles ;
- ceux qui fonctionnent avec le courant électrique de la maison.

UN MONDE À DÉCOUVRIR

Pour réaliser un circuit électrique, il faut :

… une ampoule ;

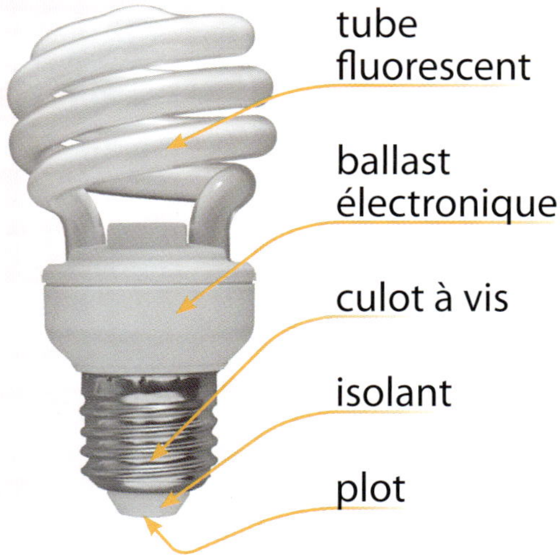

… une pile ;

… du fil électrique.

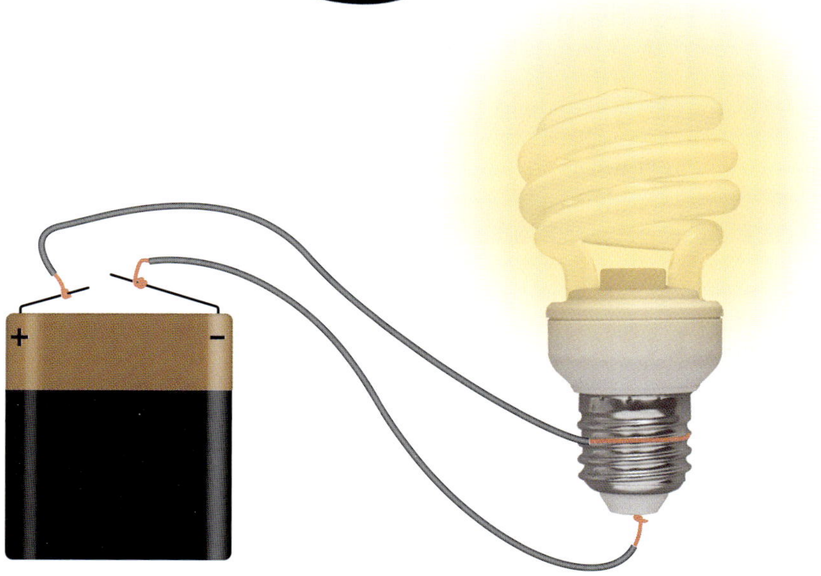

DES QUESTIONS POUR MIEUX COMPRENDRE

1 **Quelle est la partie de l'ampoule qui s'éclaire ?**

2 **En utilisant une ampoule et une pile plate (sans les fils électriques), réalise une expérience pour que l'ampoule s'allume. Dessine ce que tu as obtenu.**
Cite les parties de l'ampoule en contact avec la pile.

Allumée ou éteinte : oui, mais pourquoi ?

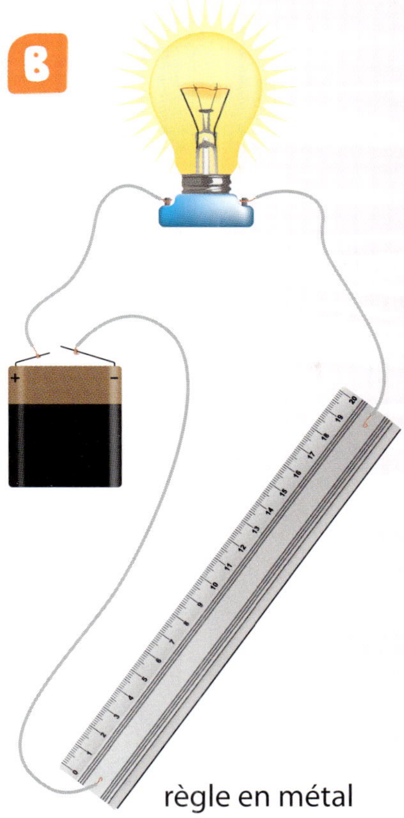

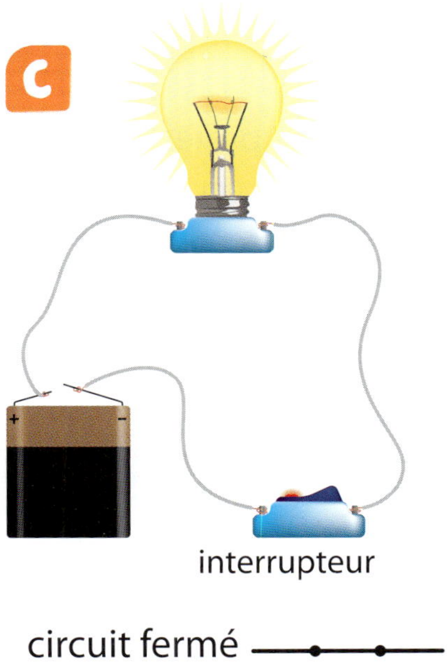

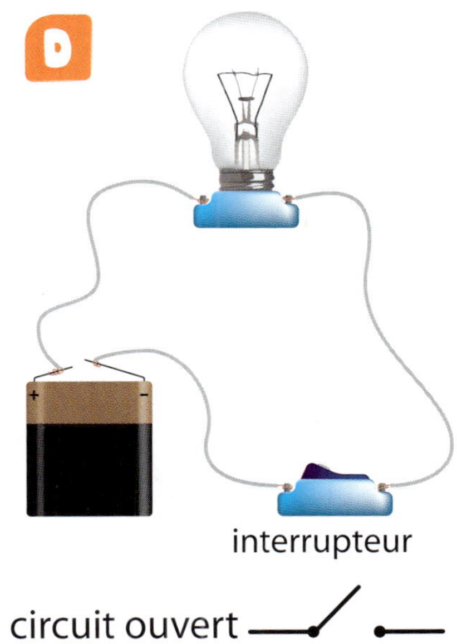

3 **Explique pourquoi :**
– l'ampoule du circuit A ne s'allume pas ;
– l'ampoule du circuit B s'allume.

4 **Quelle est la différence entre un conducteur et un isolant ?**

5 **Que se passe-t-il quand le circuit :**
– est fermé (circuit C) ;
– est ouvert (circuit D) ?

6 **Explique à quoi sert un interrupteur dans un circuit électrique.**

MOT-CLÉ

Conducteurs

Ce sont toutes les matières qui permettent à l'électricité de passer.

→ *Les métaux sont de bons conducteurs de l'électricité.*

→ *Les matériaux qui ne laissent pas passer l'électricité sont des isolants. L'air est un isolant.*

SUR MON CARNET DU REPORTER

Je réalise le circuit électrique A en mettant de la laine, de l'aluminium, du plastique à la place de la règle.
Je dessine le circuit et l'ampoule (éclairée ou pas !).

UN MONDE À PROTÉGER

Électricité, danger !

L'eau est un excellent conducteur d'électricité.

Il ne faut donc jamais utiliser un appareil électrique quand on est mouillé.
Sinon c'est l'électrocution, qui peut être mortelle !

Sec ou mouillé, il ne faut jamais non plus :
– mettre les doigts dans une prise électrique ;
– toucher un fil électrique dénudé ou tombé par terre après une tempête ;
– grimper sur les poteaux électriques.

UN MONDE À S'ÉTONNER

Des poissons électriques

La torpille est une raie qui, comme d'autres poissons, émet des décharges électriques :
– pour se protéger ;
– pour électrocuter ses proies ;
– pour s'orienter, se déplacer dans les eaux troubles, profondes et sans lumière.

UN MONDE À RÊVER

Madame tour Eiffel !

UN MONDE À RETENIR

Les appareils qui fonctionnent à l'électricité utilisent des piles ou le courant du secteur (prises électriques de la maison).
Un circuit électrique est composé :
– d'une pile qui fournit l'électricité ;
– de fils qui conduisent l'électricité ;
– d'une ampoule (ou un moteur) ;
– d'un interrupteur pour fermer ou ouvrir le circuit.

Comment ça marche ?

UN MONDE À OBSERVER

A

B

C

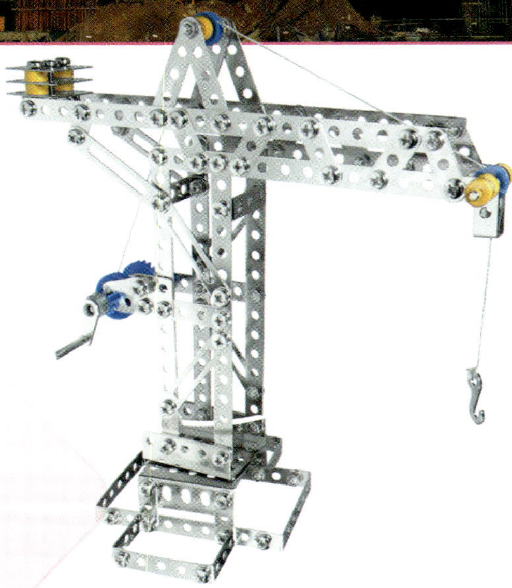

D

Décris chacun des objets ci-dessus et dis comment ils fonctionnent.

UN MONDE À S'INTERROGER

1. Qu'est-ce qu'une maquette ?
2. À quoi servent les maquettes ?
3. Comment faire une maquette ?

LE SAIS-TU ?

Sais-tu qu'on réalise une maquette avant de faire un livre ?

UNE MAQUETTE DE MOULIN À VENT

MATÉRIEL

- une feuille de papier (assez épais) ou une feuille de plastique carrée (20 cm x 20 cm)
- une punaise
- une baguette en bois (baguette chinoise)

OUTILS :

- une paire de ciseaux
- un crayon à papier
- une règle

1 Trace deux traits rejoignant chacun les coins opposés de la feuille.

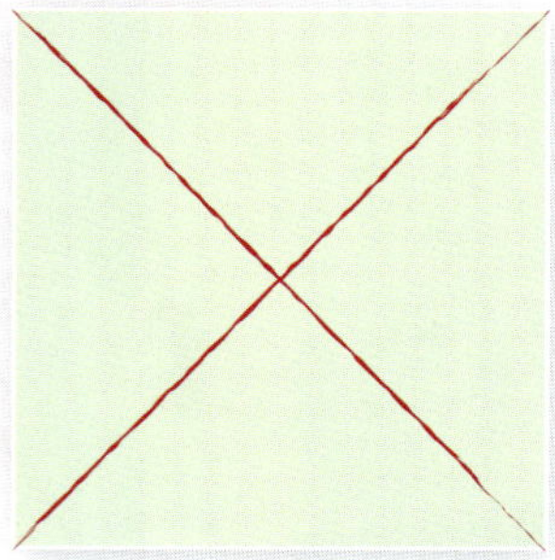

2 Marque un point sur chaque trait, à 3,5 cm du centre du carré.

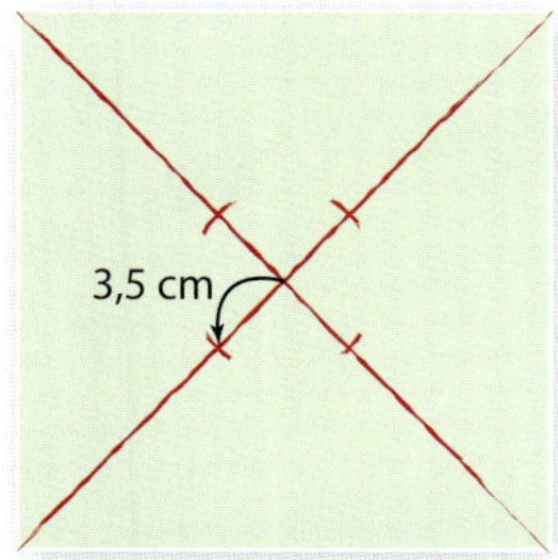

3 Découpe chaque trait jusqu'à la marque.

4 Replie un coin sur deux jusqu'au centre de la feuille.

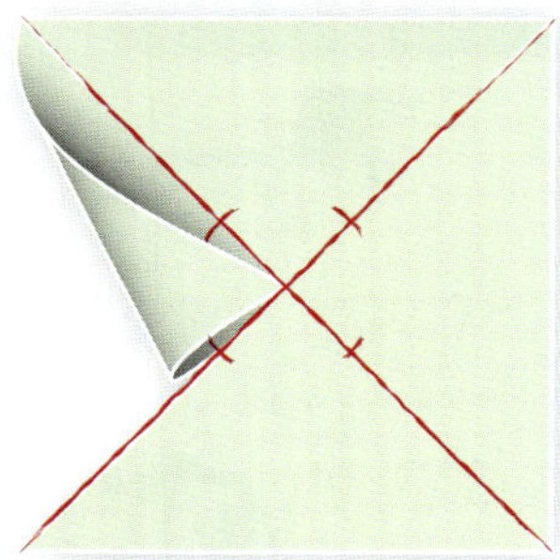

5 Fixe les quatre coins au centre de la feuille avec la punaise.

6 Fixe la punaise sur la baguette en bois.

Bon vent !

UNE MAQUETTE DE GRUE

1. Remplis la bouteille de sable.
2. Fixe le bouchon au milieu du tasseau à l'aide des clous.

3. Sur une des extrémités du tasseau, coupe 2 morceaux de 8 cm et assemble-les à l'aide de ruban adhésif.
4. Fixe un trombone à chaque extrémité du tasseau à l'aide des punaises.
5. Revisse l'assemblage bouchon/tasseau sur la bouteille.
6. Fais coulisser la ficelle dans chaque trombone.
7. Attaché à l'extrémité de la ficelle, le troisième trombone sert de crochet à la grue.
8. À l'autre extrémité de la ficelle, embobine un caillou qui sert de contrepoids.

Ta grue est prête à fonctionner !

MATÉRIEL

- 1 bouteille plastique de 1,5 l ou 2 l
- 1 tasseau de 60 cm
- du sable
- 3 clous
- 3 trombones
- 2 punaises
- 1 m de ficelle
- du ruban adhésif
- un caillou

OUTILS :
- un marteau
- une scie

UN HÉLICOPTÈRE

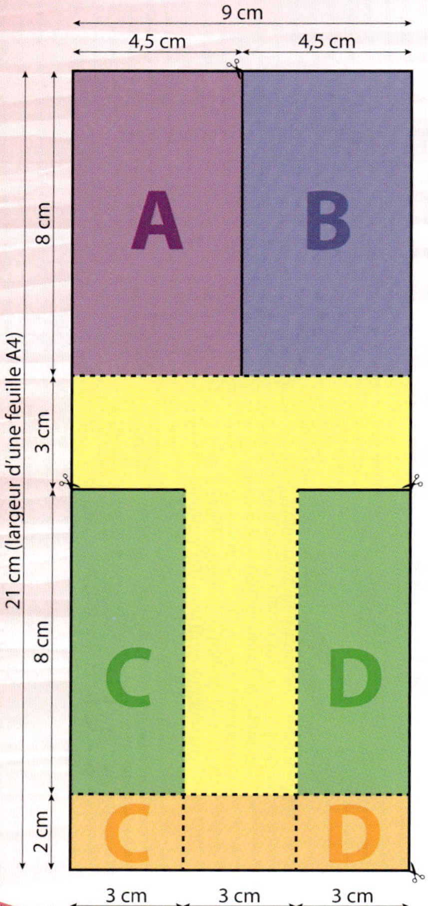

1. À partir d'une feuille de papier A4, découpe une bande de papier de 9 cm de large.
2. Dessine, sur la bande, le patron ci-contre, en respectant les lignes pleines et les lignes en pointillés.
3. Décore les différentes parties selon tes gouts.
4. Découpe en suivant les lignes pleines.
5. Plie sur les lignes en pointillés:
   a) la partie A d'un côté et la partie B de l'autre;

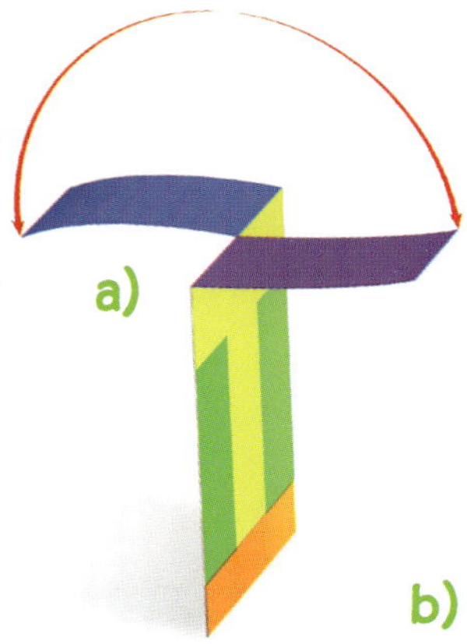

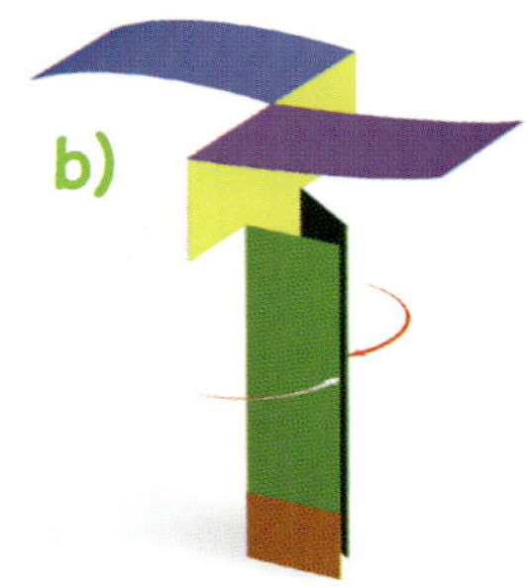

   b) les deux parties C et D l'une sur l'autre;
   c) la partie orange vers le haut.

MATÉRIEL

- une feuille de papier A4 (21 cm x 29,7 cm)
- un trombone

OUTILS:

- un crayon
- une règle
- une paire de ciseaux

6. Fixe la partie orange avec un trombone (qui servira de lest à l'hélicoptère).

Lance ton hélicoptère et bon baptême de l'air !

L'homme a toujours rêvé de voler.

Il y a un peu plus de cinq-cents ans, **Léonard de Vinci** (peintre, sculpteur et ingénieur italien) dessine des ailes articulées et une vis aérienne.

« Vite Aerea » : vis aérienne, ancêtre de l'hélicoptère

Maquette réalisée d'après un dessin de Léonard de Vinci dans le Manuscrit B (folio 83v)

Cette vis aérienne (dont on trouve la maquette au Clos Lucé – France) est considérée comme l'ancêtre de l'hélice et de l'hélicoptère.

« Si on fait tourner rapidement cet instrument, moi, Léonard de Vinci, j'estime que cette vis fera son écrou dans l'air et elle s'élèvera. »

Mais aucun homme ni animal n'avait la force de faire tourner cette vis, et il faudra attendre l'invention du moteur pour permettre à l'homme de voler !

MER DE BEAUFORT
CERCLE POLAIRE ARCTIQUE
MER DE BÉRING
6 194 mont McKinley
5 959 mont Logan
-7 679 Fosse des Aléoutiennes
golfe d'Alaska
3 700 Gunnbjørn Fjeld
volcan Kerid
650 volcan Krafla
-41 volcan Jolnir
Dorsale de Reykjanes
Bassin d'Islande
Rockall Bank
MER DU LABRADOR
4 392 mont Rainier
montagnes Rocheuses
Rift du lac Timiskaming
Graben d'Ottawa-Bonnechère
Rift du Bassin du Fundy
Bassin d'Europe Occidentale
4 418 mont Whitney
Rift du Rio Grande
Rift Reelfoot
OCÉAN PACIFIQUE NORD
Bassin du Pacifique Nord-Est
TROPIQUE DU CANCER
Dorsale des îles Hawaii
1 222 volcan Kilauea
-969 volcan Loihi
golfe du Mexique
Dorsale Médio-Atlantique
OCÉAN ATLANTIQUE NORD
Bassin Ibérique
3 718 Teide
4 165 djebel Toubkal
5 610 pic d'Orizaba
2 552 volcan Pacaya
Fosse d'Amérique Centrale
MER DES ANTILLES
1 467 volcan La Soufrière
-160 volcan Kick-'em-Jenny
5 775 pic Christophe Colomb
Bassin du Pacifique Central
Dorsale de Sierra Leone
golfe de Guinée
Bassin de Guinée
ÉQUATEUR
5 024 volcan Tungurahua
6 310 Chimborazo
plaine de l'Amazonie
Dorsale de Galego
Dorsale du Pacifique Est
Dorsale des Galapagos
Fosse Pérou-Chili
6 768 pic Huascarán
6421 pic Illampu
cordillère des Andes
Bassin du Brésil
-1 174 volcan Mata Ouest
-180 mont Moua Pihaa
-27 mont MacDonald
-2 volcan Home Reef
TROPIQUE DU CAPRICORNE
-59 mont Adams
OCÉAN PACIFIQUE SUD
Bassin du Pérou
5 868 volcan Ollagüe
5 916 volcan Licancabur
6 739 Llullaillaco
Bassin du Chili
6 959 Aconcagua
Dorsale Médio-Atlantique
OCÉAN ATLANTIQUE SUD
Bassin d'Argentine
Bassin du Pacifique Sud-Ouest
1 122 Chaitén
Patagonie
Fosse des Sandwich du Sud
Bassin Atlantique-Indien-Antarctique
MER DE WEDDELL
CERCLE POLAIRE ANTARCTIQUE
longitude ouest
4000 m
2000 m
1000 m
500 m
200 m
0 m
– 200 m
– 2000 m
– 4000 m
0 km
850

OCÉAN ARCTIQUE
MER DE KARA
MER DE BARENTS
MER DE LAPTEV
MER DE SIBÉRIE ORIENTALE
CERCLE POLAIRE ARCTIQUE
monts de Verkhoïansk
chaîne scandinave
Graben d'Oslo
plaine de Sibérie Occidentale
plateau de Sibérie Centrale
monts de l'Oural
plaine d'Europe du nord
Alpes
4 808 mont Blanc
Carpates
Balkan
1 281 mont Vésuve
924 Stromboli
3 351 Etna
-8 volcan Empédocle
Rift de Corinthe
MER MÉDITERRANÉE
MER NOIRE
5 642 Elbrouz
Caucase
MER CASPIENNE
MER D'ARAL
lac Balkhach
lac Zaysan
Rift Baïkal
lac Baïkal (1 637 m)
désert de Gobi
Mandchourie
3 283 volcan Sheveluch
4 750 Kronotsky
Fosse des Kouriles
Dorsale des Kouriles
3 776 mont Fuji
Fosse du Japon
-9 500
1 483 mont Unzen
Fosse d'Izu-Ogasawara
-14 volcan Fukutoku-Okanoba
-9 780
-7 460
Fosse de Ryukyu
8 611 mont K2
plateau du Tibet
Himalaya
8 848 mont Everest
grande plaine de Chine
Grand désert salé
Rift du golfe de Suez
Rift de la Mer Rouge
MER ROUGE
péninsule d'Arabie
désert de Libye
Hoggar
Sahara
Tibesti
lac Tchad
lac Nasser
Nil
golfe d'Aden
désert de Thar
MER D'ARABIE
golfe du Bengale
MER DE CHINE MÉRID.
MER DES PHILIPPINES
-10 540
Fosse des Philippines
Bassin du Pacifique Nord-Ouest
OCÉAN PACIFIQUE NORD
TROPIQUE DU CANCER
Fosse des Mariannes
-137 volcan Ahyi
-10 924
-517 volcan Northwest Rota-1
massif Éthiopien
Rift Est-africain
Bassin d'Arabie
Dorsale de Carlsberg
Bassin des Somalis
lac Turkana
3 469 volcan Nyiragongo
5 199 mont Kenya
bassin du Congo
Congo
lac Victoria
2 890 volcan Ol Doinyo Lengai
5 895 Kilimandjaro
Tanganyika
lac Malawi
Zambèze
660 Mayotte
désert du Kalahari
Orange
Dorsale Médio-Indienne
Plateau des Mascareignes
Fosse des Chagos
OCÉAN INDIEN
Bassin Médio-Indien
Dorsale de Nonante-Est
2 631 Piton de la Fournaise
630 volcan Hiri
ÉQUATEUR
MER DE JAVA
Fosse de Java
2 911 volcan Merapi
1 717 volcan Batur
3 142 volcan Agung
5 030 Puncak Jaya
Bassin de la Mélanésie
-20 volcan Kavachi
Bassin de l'Australie Septentrionale
grand désert de Sable
Cordillère Australienne
Grande Barrière
MER DE CORAIL
TROPIQUE DU CAPRICORNE
grand désert Victoria
Bassin Méridional des Fidji
-132 volcan Monowai
-10 050
Dorsale de Lord Howe
Fosse des Kermadec
Bassin du Cap
Plateau des Aiguilles
Bassin des Aiguilles
Dorsale Indienne Sud-Occidentale
Bassin des Crozet
Plateau des Crozet
Dorsale Indienne Sud-Orientale
Bassin de l'Australie Méridionale
MER DE TASMAN
Zone volcanique de Taupo
2 797 volcan Ruapehu
Bassin de Tasmanie
3 764 Mont Cook
Plateau des Kerguélen
Bassin Atlantique- Indien- Antarctique
OCÉAN ANTARCTIQUE
Plateau de Nouvelle-Zélande
CERCLE POLAIRE ANTARCTIQUE
MER DE ROSS
3 794 volcan Erebus
66° 33
23° 26
longitude est
700 2550 km

CRÉDITS ICONOGRAPHIQUES

p. 9, A, B, C, © achdou f./ URBA IMAGES
p. 10, 1, © PICTOR
p. 12, 2, © Martina Topf/Fotolia.com
p. 13, A, B, © JMG
p. 13, C, © iStockphotos.com/Cynthia Farmer
p. 13, D, © Phovoir
p. 14, 1, © JMG
p. 15, 1, © Tatiana Belova/Fotolia.com
p. 16, 1, © Michel Bazin/Fotolia.com
p. 16, 2, © 123rf
p. 16, 3, © Roger Viollet
p. 17, A, © Pline
p. 17, B, © 123rf
p. 17, C, © Myrabella
p. 17, D, © P. Charpiat 2007
p. 18, 1, © Edwin Lee
p. 19, 1, 2, © Phovoir
p. 20, 1, © Phovoir
p. 20, 2, © John James/Shutterstock.com
p. 20, 3, © Régis Delpeuch
p. 20, 4, © Aisa/Leemage
p. 21, A, © Gregory CEDENOT/Fotolia.com
p. 21, B, © 123rf
p. 21, C, © Nyvlt-art/Shutterstock.com
p. 21, D, © Somatuscan/Shutterstock.com
p. 22, 1, © iStockphotos.com/Gary 718
p. 22, 2, © Phovoir
p. 24, 1, © iStockphotos.com/Carmen Martínez
p. 24, 2, © Petri wardog Muhonen
p. 24, 3, © JMG
p. 26, 1, © JMG
p. 28, 2, © Phovoir
p. 32, 1, © Mopic/Fotolia.com
p. 34, 1, 3, ©123rf
p. 34, 2, © Art_man/Fotolia.com
p. 34, 4, © Christie's Images/The Bridgeman Art Library
p. 35, A, B, C, © Phovoir
p. 35, D, © Benjamin Gimmel
p. 37, 1, 2, 3, 4, © Luca Flor/Shutterstock.com
p. 38, 2, ©123rf
p. 38, 3, © Rue des Archives/Gerald Bloncourt
p. 39, A, B, ©123rf
p. 39, C, © S. Sepp
p. 39, D, © artlos
p. 39, F, © F. Charmeux
p. 40, 1, © Denis Kuvaev/Shutterstock.com
p. 40, 2, © spaxiax/Fotolia.com
p. 42, 1, © jelena zaric/Fotolia.com
p. 42, 2, The Persistence of Memory, 1931 (oil on canvas), Dali, Salvador (1904-89)/ Museum of Modern Art, New York, USA/ © DACS /Bridgeman Giraudon
p. 43, B, © CNDP Musée nationale de l'Éducation – Rouen
p. 45, 3, © RMN-GP/Gérard Blot
p. 45, 4, © RMN-GP (Musée du Louvre)/ Droits réservés
p. 46, 3, © Hugo Soria
p. 49, A, © Ingo Bartussek/Fotolia.com
p. 49, B, © Gail Johnso/Fotolia.com
p. 49, C, © Ornitolog82/Fotolia.com
p. 49, D, © brozova/Fotolia.com
p. 50, 1, © RomainQuéré/Fotolia.com
p. 50, 2, © Gin Getz
p. 51, 1, © Phovoir
p. 51, 2, © gigi1807/Fotolia.com
p. 51, 3, 4, 5, 6, © 123rf
p. 51, 7, 8, 9, © JPS/Fotolia.com
p. 52, 1, © Philippe SURMELY/Fotolia.com
p. 52, 2, © Alan Lucas/Fotolia.com
p. 52, 3, © nemesis2207/Fotolia.com
p. 52, 4, © openlens/Fotolia.com
p. 53, A, C, D, ©123rf
p. 53, B, © Fabien1309
p. 54, 1, © Rafi/Fotolia.com
p. 54, 2, © 123rf
p. 54, 4, © Florie Anstett
p. 56, 1, © 123rf
p. 56, 2, © Doc White/nature picture library
p. 57, A1, © Ludmila Smite/Fotolia.com
p. 57, A2, © Richard Griffin/Fotolia.com
p. 57, B, D, © 123rf
p. 57, C, © iStockphotos.com/ideeone
p. 58, 1, 3, © 123rf
p. 58, 2, © gk/Fotolia.com
p. 59, 1, © Vincent RUF/Fotolia.com
p. 59, 2, © ArtHdesign/Fotolia.com
p. 60, 1, © Biosphoto/Jorgen Schytte/Still Pictures
p. 60, 2, © 123rf
p. 61, A, © iStockphotos.com/charlybutcher
p. 61, B, © Gina Sanders/Fotolia.com
p. 61, C, © iStockphotos.com/Carsten Madsen
p. 61, D, © Phovoir
p. 62, 1, © JMG
p. 62, 2, © Jiri Hera/Fotolia.com
p. 62, 3, © Aptyp_koK/Fotolia.com
p. 62, 4, © Franck Boston/Fotolia.com
p. 62, 5, © Gilles Paire/Fotolia.com
p. 62, 6, © KariDesign/Fotolia.com
p. 62, 7, © taesmileland/Fotolia.com
p. 62, 8, © kilukilu/Fotolia.com
p. 62, 9, © 123rf
p. 63, 1, © 123rf
p. 63, 2, © Zac Wolf
p. 63, 3, © Anatoliy Samar/Fotolia.com
p. 63, 4, © Phovoir
p. 63, 5, © Okea/Fotolia.com
p. 64, 1, © Stéphane Ouzounoff/Photononstop
p. 64, 2, © Bob Orsillo/Shutterstock.com
p. 64, 4, © Photo Josse/Leemage
p. 66, 1, © poco_bw/ Fotolia.com
p. 66, 2, ©123rf
p. 67, 1, © Albachiaraa/ Fotolia.com
p. 68, 2, ©123rf
p. 71, 1, © Jennifrog
p. 72, 1, 2, © Phovoir
p. 72, 3, © Ansgar Walk
p. 72, 4, © 123rf
p. 74, 1, © Bin Im Garten
p. 74, 2, © Dmitry Vereshchagin/Fotolia.com
p. 74, 3, © Stéphanie De Nadaï
p. 75, A, © Roger McLassus
p. 75, C, © Jos
p. 75, D, © JMG
p. 76, 1, © Bresson Thomas
p. 76, 2, © dusk/Fotolia.com
p. 76, 3, © Odua Images/Fotolia.com
p. 76, 4, © phant/Fotolia.com
p. 76, 5, 6, © Kesu/Fotolia.com
p. 77, 1, © JMP de Nieuwburgh/Fotolia.com
p. 77, 2, 3, © 123rf
p. 77, 4, © Malbert/Fotolia.com
p. 77, 5, © JMG
p. 77, 6, © Karin Jähne/Fotolia.com
p. 78, 1, © Janne Hämäläinen/Shutterstock.com
p. 78, 2, © 123rf
p. 78, 3, © Moondigger
p. 79, A, © iStockphotos.com/AlessandroColle
p. 79, B, ©123rf
p. 79, C, © Frog 974/Fotolia.com
p. 79, D, © iStockphotos.com/Cat London
p. 80, 1, 5, © 123rf
p. 80, 2, © Luca Corsetti/Fotolia.com
p. 80, 3, © iStockphotos.com/Falcor
p. 80, 4, © FOOD-micro/Fotolia.com
p. 80, 6, © chris32m/Fotolia.com
p. 81, 1, © FOOD-pictures/Fotolia.com
p. 81, 2, © 123rf
p. 81, 3, © Alexandr VlassyukFotolia.com
p. 81, 4, © Delphimages/Fotolia.com
p. 81, 5, © iStockphotos.com/Charles Mann
p. 81, 6, © Elena Schweitzer/Fotolia.com
p. 82, 1, © GREENPEACE/GAMMA
p. 82, 2, © iStockphotos.com/Brian Opyd
p. 83, A, B, E, © 123rf
p. 83, C, © Beboy/Fotolia.com
p. 83, D, © Hywit Dimyadi/Shutterstock.com
p. 83, F, © Céréales Killer
p. 84, 1, © Sun Ladder
p. 86, 1, 2, © 123rf
p. 87, A, © Phovoir
p. 87, B, © civodule
p. 87, C, © eitech® Germany
p. 87, D, © Laurent Chaté
p. 88, 1, © Vincent TT/Fotolia.com
p. 90, 1, © Photo12/Alfredo Dagli Orti

Création de la maquette :
Jean-Marc Granier

Création des mascottes :
Olivier Pautot

Couverture :
Phovoir et Luc Viatour/www.Lucnix.be *pour le poisson mandarin*

Mise en page, infographies et cartographies :
Jean-Marc Granier

Illustrations :
Alice Bertrand *pour les pages 16, 24, 28, 31 (A à D), 42, 60, et 74.*
Anthony Cocain *pour les pages 23 (1 et 2) et 55.*
Érick Duhamel *pour les pages 56 (1, 2, 3), 65 (A à D), 67 (1 à 4), 68 et 86.*
Vincent Dauphin *pour la page 73 (1, 2, 3).*
Laurence Bar *pour la page 43 (A et D).*

Les images non citées sont dans le domaine public.

Cet ouvrage est conforme à la nouvelle orthographe.

ISBN : 978-2-7581-1018-7

Société d'Édition et de Diffusion pour la Recherche et l'Action Pédagogique.
9 rue des Frères-Boudé • BP 10665 • 31106 TOULOUSE Cedex 1
www.sedrap.fr

Dépôt légal : 2e trimestre 2012
réf : RSH1ML

Achevé d'imprimer en Italie par Bona : Avril 2012.